Gedichte ● Poesie braucht Freiheit

Herbert Schwarz

AF288433

Herbert Schwarz

Poesie braucht Freiheit

Gedichte

Illustration

Emilia Hodonj

Bibliografische Information der Deutschen
Nationalbibliothek:
Die Deutsche Nationalbibliothek verzeichnet diese
Publikation in der Deutschen Nationalbibliografie;
detaillierte bibliografische Daten sind im Internet über
http://dnb.dnb.de abrufbar.
© 2024 Herbert Schwarz
Verlag: BoD · Books on Demand GmbH,
In de Tarpen 42, 22848 Norderstedt
Druck: Libri Plureos GmbH, Friedensallee 273,
22763 Hamburg
ISBN: 978-3-7693-0121-2

Prolog

Poesie braucht Freiheit

Poesie braucht nicht Vormundschaft
Von der Kanzel keine Schelte
Nur Freigeist Klarheit schafft
Weil Wahrheit für Kunst muss gelten

Nichts als reine Wahrheit schreibe
Ergreife Partei für Bedürftige
Gib Rat und Hilfe an Leidende
Bewahre Mitgefühl und Würde

Bleibe immer treu und redlich
Sei auch der Weg beschwerlich
Verkaufe dich nicht dem Geld
Am besten bleibe *Du selbst*

Poesie erträgt nicht Vormundschaft
Von keiner Kanzel Schelte
Frei geborene Poesie erschafft
Den Geist einer freien Welt

Zum Geleit

Der dieses Bändchen schuf, aufgebrochen aus einer
Kindheit und Jugend voller Not und Entbehrung, suchte
nicht das Goldene Vlies, nicht nach Reichtum und
Macht. Er suchte und fand Freundschaft, Empathie,
Mitgefühl und schließlich Bildung und Würde.
 Bis heute ist der Dichter pausenlos auf der Suche nach
aller schönsten Geschichten, über Menschen, Tiere,
Blumen, Märchenwesen, Mond und Sterne um sie in
Versform der Welt zu schenken. Jeder Mensch soll sie
verstehen, sich selber darin wieder finden und schon
bald erkennen, was seine Welt zusammen hält.
Poesie ist Geist und Empfindung in wunderbarer
Klarheit vereint. So wird jeder Mensch Freude haben
an der Schönheit der Verse, seinen Geist beflügeln und
seine innere Balance finden.
Wenn ein Dichter redet, sagt er mehr als er spricht. Dies
ist ein Versprechen, so lange das Herz schlägt, den
Menschen immer beste Verse zu schenken.

In unendlicher Liebe

Herbert Schwarz

Herzblut

Wer kann sagen was glücklich macht
Sind es Gut und Geld und Edelsteine
Die große Liebe wie im Himmelreich
Glück liegt allein in deiner Hand

Hoffnung

Hundert Sorgen und Klagen
Und mehr noch offene Fragen
Wege aus dem Dilemma finden
Hilfreich wäre ein Fingerzeig
Der leider illusorisch bleibt
Reicht die Kraft zum Neubeginn
An Schaffensfreude fehlt es nicht

Chancen gibts zu kommen ans Ziel
Hoffnung ein wunderbares Gefühl

Wie leben

Beweglich bleibt
Wer sich bewegt
Gesunder Geist gedeiht
Wo freie Geister leben
Liebe empfängt
Wer Liebe schenkt

Mädchen am Brunnen

Mädchen stehen am Brunnen
Fröhliche kleine Schar
Lachen plaudern singen
Sehr hübsch anzuschauen
Schwärmen von dem Jungen
Erscheint jede Nacht im Traum
Einen Kuss vor allen Dingen
Jede wünscht es würde wahr

Am Brunnen fünf junge Frauen
Die alle ihr Glück gefunden
Kinder tollen in der Runde
Um Brunnen und Lindenbaum
Gemeinsam die Mütter geben
Auf die Kleinen acht
Die Größeren schon zeigen Mut
Kämpfen ringen fechten
Klettern auf den hohen Baum

Wieder stehen Frauen am Brunnen
Traurig sind sie anzusehen
Holen Wasser sammeln die Gedanken
Tragen selbst schwerste Lasten
Die das Leben abverlangt
Ihre Männer sind gefallen
Im Gefecht im fremden Land
Im Krieg den sie nicht gewollt

Liebe und Leben

Du bist in Sorge
Im Leben geht nichts mehr
Ein Kanten Brot
Ein Teller Suppe
Ein Schluck Wasser
Vieles du entbehrst

Wo du auch wohnst
Herrscht stets die Not
Wie Pech am Leibe klebend
Begleitet sie dein Leben

Optimismus ist dein Wesen
Leben ohne Illusionen
Es verlangt dich zu bewegen
Und dich niemals schonen
Suchst freundliche Gesellen
Die ohne Eigennutz dir helfen

Ein leuchtendes Augenpaar
Vor dir ganz unverhofft
Liebe währt schon ein Jahr
Gemeinsam tragen die Sorgen
Aus Schaffenslust eurer Tage
Wird ein glückliches Morgen

Der Zauber soll nicht enden
Der verbindet Liebe und Leben
Liebe verleiht Menschen Flügel
Gibt Mut und Kraft und Elan
Bewahrt Klagende vor Übel
Regt Zagende zum Handeln an

Vergeben

Vergib dem Regen
Der an dir herunter rinnt
Des Hahnes lautes Krähen
Wenn der Tag beginnt
Dem frechen Knaben
Und dem diebischen Raben
Vergib alles und jedem
Auch das dümmste Gerede

Von Betroffenen und Schuldigen
Allein Vergebung nimmt die Last

Ambivalenz der Welt

Epoche extremer Seltsamkeiten
Heerscharen teurer Repräsentanten
Parlamentarier Minister Advokaten
Gewaltige Archive dicker Folianten
Für die unfassbare Gesetzesflut
Absurde Welt
Die chronisch Krank
Für niemand gut

Diffuse Botschaften
Diffuse Meinungen
Wen kann sie verwundern
Die teuflische Saat düsterer Gedanken
Wer streut sie aus
Begrenztes Wissen dumpes Geschrei
Verwechslung Wahn und Wirklichkeit
Nötig wäre weises Handeln
Gebildete verstehen
Dass Vieles man nicht weiß
Über mehr Bildung viel Gerede
Der Weg zur Lösung noch sehr weit
Töricht der Gedanke
Alles regele sich allein
Die Welt gar ohne Makel sei

Engel

Es gibt Menschen die nur wollen
Und solche die einfach tun
Sie bringen den Stein zum rollen
Schaffen helfen ohne auszuruhen

Kinder Alte Kranke pflegen
Verzweifelten Hoffnung geben
Sterbende die Hände halten
Hungernden ein Mahl bereiten

Solche Engel barmen nicht
Tragen ein freundliches Gesicht
Fragen nicht nach Gut und Geld
Bescheidenheit ist ihre Welt

Wie den treuen Dienst vergelten
Welcher Lohn wäre richtig
Ich will ihnen ein Denkmal setzen
Widme diesen Engeln ein Gedicht

Schnurre Kätzchen schnurre

Schnurre Kätzchen schnurre
Fordre unsre Liebe ein
Auch Leckerbissen ganz feine
Und streich uns um die Beine

Schnurre Liebste schnurre
Mich lockt das Lachen deiner Augen
Und dein Mund der süße
Keine andre will ich küssen

Schnurre Schätzchen schnurre
Sind auch deine Windeln voll
Du bist immer fröhlich
Und dein Lachen unser Glück

Schnurre Mutter schnurre
Kinder bitten dich und gurren
Denken des Geliebten fein
Bald sind wir allein

Schnurre Liebste schnurre
Zwei Alte sitzen auf der Bank
Vorbei das Schuften und Schwitzen
Halten sich bei Händen
Sagen für Zärtlichkeiten Dank

Am Fenster

Am offenem Fenster stehen
in Ruhe die Welt bedenken
Und meinem eigenen Leben
Sinn und Inhalt geben

So wär sie gut unsere Welt
In Ruhe und Beschaulichkeit
Alles friedlich zusammen hält
Wächst blüht und gedeiht

Die frische saubere Prise
Ist gut und angenehm
Ich wünscht dass es so bliebe
Gäb mein Leben dafür her

Zu vieles ist im argen
Zu wenige denken nach
Wie zu bessern wäre
Was an der Seele nagt

Abschied der Kinder

Meine Kinder sind gegangen
Ausgezogen mit Sack und Pack
Just in ihres Lebens Blüte
Wollen ihr eignes Leben führen
Im Haus herrscht Einsamkeit
Sorgen machen sich breit
Ich Hoffe auf viele Besuche
Banales bei Kaffee und Kuchen

Meine Kinder die gegangen
Sind gekommen mich besuchen
Wie immer gar nicht lange
Trinken Kaffee essen Kuchen
Wollen dies und jenes wissen
Wollen beruhigen ihr Gewissen
Und wenig später eins zwei drei
Ist der X-te Besuch vorbei

Meine Kinder sind gegangen
Heute ists besonders schwer
War vor Rührung ganz befangen
Schmerzen werden mehr und mehr
Kann es einfach nicht verbergen
Die Gesundheit liegt in Scherben
Und sie ahnen es beim Gehen
Wir werden uns nie wieder sehen

Pforten deiner Seele

Verschlossene Pforten deiner Seele
Willst mir keinen Einblick geben
Sahen uns nicht mehr viele Jahre
Seit wir uns den Abschied gaben

Verschiedene Wege die wir gingen
Beruflich und in Liebesdingen
Mir geht es gut ich hatte Glück
Schaue auf die Jahre gern zurück

Ich sehe deutlich du bist bedrückt
Obgleich die Fenster verhangen sind
So dass niemand deine Sorgen sieht
Gehst alleine langsam und gebückt

Trauerbotschaft macht die Runde
Stimme und Seele sie verstummten
Fest verschlossen deine Lider
Du gingst und kommst nie wieder

Auf Pilgerfahrt

Große Flügel wünscht ich ihnen
Die weite Welt zu durchfliegen
Den unermüdlich weit Gereisten
Heiligen Gelehrten und Weisen

Ohne Flieger Flügel Automobil
Zu Fuß mit Knotenstock zum Ziel
Über Berge tiefe Täler und Sümpfe
Wälder Lebens feindliche Wüsten
Gleichgesinnte Menschen finden
Und Bedürftige die brauchen Hilfe
Behutsam trösten Trauernde Kranke
Hoffnung Zuversicht den Leidenden
Diverse Herkunft und Religion
Alle willkommen und alle gleich
Verwandte Seelen der Liebe voll

Wenn Hunger und Durst gestillt
Bittende Hände sind gefüllt
Rat erteilt für Fragen viele
Weiter gehts zu neuen Zielen

Bin auf Suche

Angekommen mit Sack und Pack
Von der Fahrt benommen
Weiß nicht was wird kommen
Nehme Platz und warte ab

Zur Kur mich der Doktor schickt
Dass endlich gesund ich werde
Gevatter Tod war mir sehr nahe
Erspart blieb mir die Bahre
Mein Doktor griff zu einer List
Leider habe ich Beschwerden
Mein Kopf ist noch nicht klar
Kaum beweglich die Gelenke
Der Kreislauf schlägt Alarm
Bin auf Suche nach Hilfe
Dafür ist dieser Ort berühmt
Dieses freundliche Städtchen
Und ringsum liebliche Wälder
Wo bunte Wiesen Gärten blühen
Sie tun gut die Massagen
Im heilenden Wasser zu baden
Im Wechsel Sport und entspannen

Angenehm am Abend gute Musik
Mit Streichquartett oder Flöte
Gitarre - alte und neue Lieder
Ein Dichter spricht in Versen
Worte voller Liebe und Wärme
Gibt Hoffnung und Zuversicht

Behütet das Licht

Behüte dein Licht
Sei wachsam und gib Acht
Dass es nicht erlischt
Und deine Hand Gutes schafft

Behüte dein Licht
Bleibe aufrecht und treu
Dein Geist strahle hell
Und deines Lebens Sinn

Bewahre dein Licht
Tröste und lindere die Not
Schenke Liebe und Brot
Hoffnung und Zuversicht

Behütet das Licht
Das man Frieden nennt
Kein Mutterherz mehr bricht
Und kein Haus mehr brennt

Liebes Wort lieber Klang

Empathie kennt viele Sprachen
Alle Sprachen der Welt
Und weiß viel zu sagen
Was Menschen zusammen hält

Manche Leute sich selber lieben
Verachten hassen verhöhnen
Ihnen ins Stammbuch geschrieben
Empathie und Vergebung uns versöhnen

Liebes Wort hat lieben Klang
Erreicht Ohr Geist und Herz
Wohlgefühl anstelle Schmerz
Wie der Nachtigall Gesang

Empathie kennt viele Sprachen
Alle Sprachen der Welt
Und eine die ich besonders liebe
Und du weißt es ist die Poesie

Genesung

Krank am Herzen und der Seele
Schon morgens quälen Schmerzen
Hoffnung ist ein teures Gut
Unerschütterlich meine Lebensmut

Hierher gekommen zu genesen
Heilendes Wasser mit gutem Ruf
Pfleger und Betreuer machen Mut
Ärzte mir Zweifel Ängste nehmen

Geduld zu haben muss ich lernen
Ich kann Gesundheit nie erzwingen
Täglich mit mir selber ringen
Schritt für Schritt mobiler werden

Abfallen werden alle Sorgen
Schaue dankbar auf mein Leben
Und weiß dass schon morgen
Jeder Schmerz der Freude flieht

Begegnung

Am See auf einsamer Bank
In Gedanken eine alte Frau
Lädt mich zum Verweilen ein
Ich setze mich zu ihr nieder

Sie scheint mir sehr vretraut
Die ich doch gar nicht kenne
Sie beginnt sofort zu sprechen
Von Bäumen Tieren und Kräutern

Gespannt hör ich der Alten zu
Beträchtlich ihr Wissensschatz
Bei jedem Wort und jedem Satz
Von hohem Wert lerne ich hinzu

Fast unbemerkt die Verwandschft
Und Vetrautheit unserer Seelen
Von Anfang an waren wir per DU
Ich möcht sie gerne wieder sehen

Kinderfreuden

Kleiner Junge Hanns genannt
Geht hinaus in das weite Land
Viele Abenteuer er besteht
Kinder wissen wie es weiter geht

Kind sein

Ein Doktor sagt bedeutungsschwer
Hochbegabt ist dieses Kind
Beide Eltern freut das sehr
Ich verstehe nicht den Sinn

In der Schule bin ich helle
Auch im Alltag immer fix
Lerne alles auf die Schnelle
Wissenswertes entgeht mir nicht

Oft plagt mich Langeweile
Denke dass ich alles weiß
Falle auf mit Faxen Neckereien
Keine Mahnung macht mich heiß

Zum Direktor dringen Klagen
Eltern zum Gespräch geladen
Gelobe Besserung zum x-ten Male
Anderntags die nächste Übeltat

Tierisch nervt mich das Flennen
Von Internat und Elitepenne
Nur zu Hause will ich leben
Immer Eltern Geschwister sehen

Ein Freund hat sich eingestellt
Interessiert an Sport und Spiel
Dem Schule schwerer fällt
Besser lernen ist sein Ziel

Können jeden Tag uns sehen
Lernen über große Ideen
Nach der Pflicht gehn wir raus
Toben in der Natur uns aus

Eltern und Lehrer seht es ein
Damit Kinder sich entfalten
Und ihren Lebensweg gestalten
Lasst Kinder einfach Kinder sein

Geduld üben

Bewahre Ruhe und gräme dich nicht
Wenn dein Kartenhaus zusammen bricht
Wenn schillernde Seifenblasen
Schon am Strohhalm platzen
Wenn in der Mathematik
Dir keine elegante Lösung glückt
Wenn eine Idee die dir gefällt
Du nicht im Kopf behältst

Denn bei all deinen Taten
Musst immer Geduld du haben
Musst trainieren lernen üben
Ein Hopp Hopp Hopp kann nie genügen
Das Gefühl *Lernen macht dir Freude*
Allein wird dein Glück bedeuten

Der Hahn kräht es auf dem Mist
Dass Ungeduld ein schlechter Gärtner ist

Tanzende Sterne

In schillernder Ferne
Tanzende Sterne
Wallende Düfte
Durchziehen die Lüfte

Die uns gleich erscheinen
Einander folgen
Und wieder fliehen
Selten sich vereinen

Unwirklich zauberhaft
Dass jedes Herze lacht
Schöneres sah man nie
Ballett voll Phantasie

Ist es wirklich wahr
Oder einfach erfunden
Was sich bietet dar
Wer schuf dieses Wunder

Den Großen gut bekannt
Wie unsre Welt entstand
Sandmann auf seine Weise
Abends erklärt den Kleinen

Klein und albern

Warum werde ich ermahnt
Bitte Mama sag
Wenn ich fröhlich bin
Und etwas albern
Soll nicht lustig sein
Stille sitzen und brav

Ich liebe meine Oma sehr
Die ist genau wie ich
Die oft und gerne lacht
Und niemals zankt
Täglich mit mir scherzt
Grenzenlos liebt und herzt

So Manches was ich rede
Scheint nicht logisch
Und gar nicht überlegt
Doch die paradoxe Sicht
Regt die Überzeugung an
Du hast Recht kleiner Wicht

Ich soll erwachsen werden
Sagt man mir der noch klein
Ernst und wohl erzogen leben
Das fällt mir gar nicht ein
Ich liebe mein sonniges Gemüt
Rede stets gerade heraus
Bin immer quitschvergnügt
Das macht mein Wesen aus

Kindes Erinnerung

Mein bester Freund ich mag dich so
Kommst allabendlich zu mir
Von Hochmut frei schaust du herab
Was du erzählst stimmt mich froh

Geheimnisse vertrau ich dir
Und weiß sie in guter Hand
Zwar stumm sagst du mir viel
Freundlichkeit wie ich sie mag

Erster Kuss geheime Briefe
Süßeste Früchte locken Diebe
Verbotene Spiele neue Gefühle
Kinderstreiche in neuer Blüte

Im Gedächtnis schlimme Träume
Bist aller meiner Sorgen Zeuge
Du der Weise der am Himmel thront
Jedes Kindes Freund du guter Mond

Land im Nirgendwo

Ein Märchenreich ist gefunden
Irgendwo im Nirgendwo
Für Kinder willkommene Kunde
Macht Mädchen und Jungen froh

Kein Flieger kann da landen
Kein Schiff findet einen Hafen
Auch kein Ziel für Eisenbahnen
Weit abseits der bekannten Welt
Eine Insel bisher nicht bereist
Wo unbekannt Schule und Lernen
Keiner mag den Kopf anstrengen
Schon zum Frühstück Schokolade
Zu Mittag den größten Burger
Vespern Eis mit ganz viel Sahne
Dann Fernsehen bis zum Morgen
Bei Pommes Chips und Cola
Die Arbeit machen Heinzelmännchen
Man nennts Arkadien oder Paradies
Und lebt in seiner Fantasie

Wer es will kann dahin gelangen
Besser ist du bleibst daheim
Alle Menschen herzlich lieben
freundlich sein und hilfsbereit
Bücher lesen fleißig lernen
Am Ende wirst du glücklich sein

Freude am Lernen

Meine lieben Eltern
Liebe Mama lieber Papa
Ich möchte euch gern berichten
Was in der Schule zuletzt geschah
So vieles was mir neu
Mich ganz sehr erfreut
Worauf ich so gespannt
Und ich jetzt endlich kann
Ich kann Häuser malen
Bäume und große Berge
Blumen alle Arten
Leute und Gartenzwerge
Ich kann fließend lesen
Schreibe sauber ohne Fehler
Und in ganzen Sätzen reden
Wie ich von euch gelernt
Ich würde gern euch zeigen
Hefte die in der Schule bleiben
Und geschickt verdecken
Den großen Tintenfleck

Bin so frech

Ich bin so frech spricht der Spatz
Emsig pickt unter meinem Platz
Einer Bank die gleich am Imbiss steht
Ich liebe Vögel lass ihn gewähren

Die Maus nicht sagt bin so frech
Kommt heimlich mich bestehlen
Knabbert an mein Frühstücksbrot
Mit Banane Salat Wurst und Käse

Die Katze macht es raffiniert
Schnurrt und streicht um die Beine
Schaut man weg nascht sie ungeniert
Mein Beef Tatar mit Ei das Feine

Der Rabe ist unglaublich schlau
Beobachtet alles ganz genau
Bemerkt es ist rein die Luft
Stiehlt er vom Grill die Wurst

Kleine Eule

Bin keine Fledermaus
Auch kein Nachtgespenst
Nachts den Wald durchfliegen
Wie jede kleine Eule

Mein Elternhaus in einer Eiche
Hängt sehr hoch gut geschützt
neben an ein Kindergarten blüht
Ich liebe Menschenkinder kleine
Im Garten spielend und singend
Wenn die Kinder zu Hause sind
Gehört der Garten mir alleine
Klettergerüst Rutsche Schaukel
Bin da glücklich wie die Kinder
Alles im Garten ist nun mein
Kinder müssen glücklich sein
Bei Regen schau ich ins Fenster
Dahinter Kinder fleißig sind
Sie Malen modellieren Eulen
Vor Rührung könnt ich heulen

Die Sonne sinkt es wird Nacht
Und der Mond den Schlaf bewacht
Mäuse die im Grase rascheln
Vom Eulchen genussvoll vernascht

Geduld

Baustein auf Baustein setzen
Kai hat den Plan im Kopf
Vom Fundament über die Fenster
Am Dach muss er noch knobeln

Viele Häuser die Kai erbaut
Große kleine bunte besonders feine
Jetzt plant er einen hohen Turm
Mehr und mehr Bausteine kaufen
Himmelhoch trotzt jedem Sturm
Emsig werkeln Stein für Stein
Aufwärts gehts Schicht für Schicht
Niemals klagen nicht verzagen
Glauben das Werk bald fertig ist

Fertig der Turm steht fest und stolz
Gebaut mit Liebe und viel Holz
Viel zu lernen hat Kai im Sinn
Und Geduld - aller größter Gewinn

Wundervoller Wandel

Wie ein Vogel möcht ich fliegen
Elegant im Winde wiegen
Die ganze Welt von oben sehen
Selig auf dem Regenbogen gehen

Frag nicht was glücklich macht
Schöne Träume haben jede Nacht
Eltern die mich herzlich lieben
Geschwister gerne mit mir spielen
Leider war das früher anders
Als in Bosheit ich befangen
Nachbarn böse Streiche spielte
Oft ich mit wem in Streit geriet
Niemand mochte mich recht leiden
Alle mit Fingern auf mich zeigten
Einer guten Fee tat ich wohl leid
Mir zu helfen war sie bereit
Sprach zu mir in ihrer Güte
Warm empfand ich ihre Liebe
Jetzt ist Freundlichkeit mein Wesen
Vom kranken Hass bin ich genesen

Märchenhaft scheint die Geschichte
Gern ich jedem davon berichte
Und all die Leute bekehren soll
Die schlechte Manieren finden toll

Kummer

Gerne lustig jederzeit
Bin ich ein Kind der Heiterkeit
Doch habe ich Kummer seit Tagen
Wer befreit mich von der Plage

Freundin Hanni gestern eingeladen
Durch Wald und Flur zu radeln
Ich habe leider sie versetzt
Sicher ist sie nun verletzt

Opa Werner gibt mir Rat
Und ich schreite schnell zur Tat
Pflücke Blumen rot blau gelb
Und hoffe dass sich Hanni freut

Fallen und aufstehen

Fallen um wieder aufzustehen
Ohne Jammer ohne Wehe
Wie die Kleinen im Kindergarten
Rempeln schubsen und rennen
Dabei nur selten flennen
Schützen Kopf Knie und Ellenbogen
Kommen schnell auf ihre Beine
Diese Fähigkeit nicht anerzogen
Kinder lernen es alleine

Verse der Kindheit

Oma flüstert gerne
Schöne Verse in mein Ohr
Hofft dass ich sie lerne
Das war schon immer so

Zumeist gar nicht lang
Zwei Zeilen oder vier
Mit und ohne Melodie
Poesie mit süßem Klang

Meine Geschwister lieben
Omas Verse so wie ich
Und alle schrieben
Schon manches Gedicht

Kindergarten oder Schule
Ich falle immer auf
Und zähle zu den Klugen
Habe viele Sprüche drauf

Bei jedem großen Fest
Steh ich auf dem Podium
Rezitiere ein Gedicht
Dem lieben Publikum

Mittagskonzert

Löffel Schüsseln Gläser Teller
Zum Mittagsmahl ist eingedeckt
Kinder an der großen Tafel
Ungeduldig auf Essen warten

Sie kennen keine Langeweile
schwatzen scherzen kichern
Und wollen alle lustig sein
Aus Freude manche singen

Löffel rhythmisch klappern
Auf Teller und an Schüsseln
Nun sind die Gläser dran
Hell und klar sie klingen

Unterschiedlich aufgefüllt
Dass jedes Glas anders klingt
So macht das viel mehr Spaß
Und *Hänschen klein* gelingt

Jetzt wird Essen aufgetragen
Nudeln die sie gerne essen
Danach Pudding mit Banane
Den Tag Kinder nie vergessen

Rate wer das ist

Ping ping ping so klingt
Auf dem Amboss glühendes Eisen
Der Hammer formt viele Dinge
Säbel Schwerter oder Beile

In Uniform am Straßenrand
Mit der Kelle hält Autos an
Und streng zum Fahrer spricht
Sag mir bitte wer das ist

Wer baute meinen Tisch den Stuhl
Meine Regale und meine Bank
Diesen großen Kleiderschrank
Und mein Bett wo ich finde Ruh

Ich sah einen schwarzen Mann
Ging hin und fasste ihn an
Heute steht er auf unserem Dach
Wer weiß was der da oben macht

Kinder oder Marionetten

Ich bin ein Kind
Wie Kinder eben sind
Kann laufen spielen lachen
Und tolle Sachen machen

Übern Baumstamm balancieren
Darunter ein Bächlein fließt
Nachbars Obstbäume besteigen
Wenn Kirschen und Pflaumen reifen

Roller fahr ich schon lange
Balance selber ausprobiert
Hab vorm Fahrad keine Bange
Geht seit heute wie geschmiert

Eltern haben öfters Angst
Mein Tatendrang macht sie krank
Möchten meine Schritte lenken
Auch mein Wollen und mein Denken

Bin ein Kind keine Marionette
Auch kein Hofhund an der Kette
Weiß schon selber was ich will
Geh meinen Weg mit frohem Sinn

Auf Abenteuer

Ausgebüchst im Kindergarten
Als hinter einem dicken Baum
Schadhaft ist eine Latte
An dem hohen Staketenzaun

Durchs Dorf der kleine Klaus
läuft ohne Halt geradeaus
Gefragt wohin solls gehen
Ich muss ein Abenteuer bestehen

Belustigt lässt ihn ziemen
Wer immer ihn auch trifft
Den Klaus muss man lieben
Der grüßt mit lachendem Gesicht

Auf der Wiese trifft er Bauern
Sie laden auf den Pferdewagen Heu
Klaus sitzt oben auf dem Wagen
Ist auf dieses Abenteuer stolz

Angekommen auf dem Bauernhof
Läuft er flugs in einen Stall
Rosige Schweinchen quieken überall
Dann zieht es Klaus zum Dorf

Nun sitzt er auf dem Brunnenrand
Platscht mit Füßen in dem Wasser
Freundliche Stimme spricht ihn an
Die Edeltraud vom Kindergarten

Sie nimmt ihn bei der Hand
Er muss ihr viel erzählen
Von Schweinchen Heu und Pferden
Und kein Wort vom Staketenzaun

Welt der Tiere

Eine Schnecke die liebeskrank
Verknallt in eine Ente
Als sie jener kam zu nahe
Happs - das war ihr Ende

Gutes tun

Henne und ihre Kükenschar
Im Käfig eingesperrt seit Stunden
Also keinen Wurm kein Korn gefunden
Dessen ein Hamster wird gewahr
Der nimmt die Sache in die Hand
Und reicht für Wochen jeden Tag
Der Hühnerfamilie Futter und Wasser dar
Will nicht gute Worte und kein Geld
Der Hamster ist ein wahrer Held

Am Waldrand hockt der Fuchs und sinnt
Ob er einen Dummen findt
Der ihm Schinken bringt und Wein
Da stellt sich ein Hofhund ein
Der hört Reineken nach Futter jammern
Und plündert seines Herren Speisekammer
Und bringt nun täglich reichlich Nahrung
Bis der Bauer Einhalt schafft mit Strafe
Der Hund muss Buße tun sieben Jahre

Der Grat ist ganz schmal
- Wie Messers Schneide
Zwischen einem Heiligen
Und dem Narren

Eselei

Einer Schönen zu gefallen
Ein Bulle verlässt den Stall
Noch klein und ungestüm
Will er die Welt genießen
Geradewegs hinab zum See
Wo Kinder lärmen - juchhe
Sie laufen auf glattem Eis
Und laufen um die Wette
Andere drehen sich im Kreis
Das kann ich auch so das Kalb
Versucht eine Pirouette
Und kommt dabei zu Fall
Kopf gestoßen ein Bein verrenkt
Aufgeschreckt durch den Knall
Umsorgt wird der Gestrauchelte
Gut gestützt aber humpelnd
Bringt man ihn zum Stall zurück
Lass die Eselei sagt Mama Kuh
Schleckt ihn ganz lieb ab
und sagt ganz freundlich Muh

Tanz der Worte

Immer muss ich reden
Leuten auf die Nerven gehen
Andere nennens plappern
Wie der Störche Schnäbel klappern

Früh am Morgen fang ich an
Im Schein erster Sonnenstrahlen
Krächze schreie imitiere
Wiederhole alles immer wieder

Großer Wortschatz ist mir eigen
Mal heiß ich Schwätzer mal Dichter
Nicht vergessen niemals schweigen
Meine Rede boshaft oder lieblich

Tanz der Worte ist mein Leben
Gern im Rhythmus der Tarantella
Anderer Denken ist mir einerlei
Ich bin und bleibe Papagei

Kluge Kuh

Wer ist das klügste aller Tiere
Ihr glaubt alle das sei der Mensch
Mir kommen ernste Zweifel
Frag den Faun der alle Tiere kennt

Viele Tiere die uns erstaunen
Voll der Liebe Moral auch der Trauer
Kennen Sehnsucht Leidenschaft Eifersucht
Wissen wann und wie und was zu tun
Wie Elefanten Wasserstellen suchen
Gorillas hundert Salzlecken kennen
Wale zwischen Ozeanen pendeln
Bienenvölker ihre Blütenpflanzen finden
Fragt doch Bauern Schäfer Hirten
Zu was Herdentiere fähig sind
Unterscheiden schmackhaft gesund
nahrhaft von wertlos oder giftig
So geschehen vor vierhundert Jahren
Als eine Kuh abseits der Herde
Wasser aus offener Quelle schleckte
Sich daher gesund und wohl befand
Ungewollt eine Heilquelle entdeckte
Die etwas bitter säuerlich schmeckte
Der Ort deshalb Surborn ward genannt
Heute als Bad Liebenstein bekannt

Kater Schnurr

Überall nennt man mich Schnurr
Bin ein Kater von kräftiger Statur
Wie ein Tiger das leuchtende Fell
Für alle Schönen bin ich ein Held

Die Familie liebt mich sehr
Haus und Stall sind mäuseleer
Streiche allen um die Beine
Bekomm zu naschen vom Feinsten
Bei Nachbarn gehasst und geliebt
Von Meise Elster und Rotschwanz
Gefürchtet - von Menschen verjagt
In Gemüsegärten ist das umgekehrt
Die Wühlmaus hat ein kurzes Leben
Beute ich vor die Haustüre lege
Bin bei Katzendamen Hahn im Korb
Kommen in Scharen mich besuchen
Ihr Chorgesang erfreut bei Nacht
Wovon das ganze Dorf erwacht
Nach vier Wochen ein großes Wunder
Die Katzenschar wird immer bunter

Unter Katzen bin ich Gendarm
Läuft etwas schief mach ich Alarm
Familie und Freunde meinen
Ich solle lange erhalten bleiben

Kopf und Herz

Kopf und Herz - was ist edler
Der Schimpanse grübelt
Kommt zu keinem Schluss
Vom Denken wird ihm übel

Mein Kopf ist noch vorhanden
Kann ihn deutlich fühlen
Mein Herz habe ich verloren
An Kami von der Gruppe nebenan
Die liebt mich wirklich innig
Laust mir mein juckendes Fell
Fest eingeprägt mein Bild
In ihrem klugen Kopf
Und weil ich ihr gleich gefiel
Hat sie mir ihr Herz geschenkt
Heut darf ihren Bauch ich fühlen
Wo ein kleines Äffchen schlummert
Mit eigenem Kopf und eignem Herz
Herzen schlagen im Duett

Schließlich habe ich verstanden
Was Kopf und Herz bedeuten
Die eine feste Einheit bilden
Eins sind Gefühl und Gedanken

Der Musik verfallen

Tiere im Zoo bekommen Lust
Ein Liederfest zu feiern
Alle Tiere sind begeistert
Stimmen ein aus voller Brust

Der Tukan stimmt an einen Ton
Dass sich alle danach richten
Die Amsel singt ihre Melodie
Die alle Tiere finden schön
Der Pfau singt in Oberstimme
Weil er die am besten kann
Der Papagei singt Zwischentöne
Das hört sich wie ein Kanon an
Der Elefant spielt Trompete
In der ganzen Stadt zu hören
Der Esel schreit sein *IA*
Auch etwas beizutragen
Der Kuckuck stimmt mit ein
Er will der allerbeste sein
Schimpansen lauthals kreischen
Alle Ohren zu erreichen
Der Gorilla spielt die Tuba
Begleitet von der Eule
Ihre Stimmen klingen wunderbar
Der Bonobo trommelt den Takt
Der Konzert nun perfekt klappt

Die Besucher spenden Beifall
Ganz besonders alle Kinder
Die vielen Künstler rufen Dank
Geben ihr Konzert nun immer

Neid

Du neidest mir mein Leben
All mein Sinnen und Streben
Spricht der Hund zum Affen
Bosheit sprich aus deinem Mund
Bis hier her und nicht weiter
Sollst mein Freund nicht bleiben
Darum höre meine Mahnung
Denke nach und ändere dein Tun
Du musst wissen wie der Neid
Verdirbt
Dein eigenes Wesen und Sein

Schwein Nimmersatt

Tiere des Waldes liegen in Streit
Eichhörnchen Eichelhäher und Schwein
Beteiligt auch Raben und Dohlen
Und andere Tiere die hier wohnen

Reichlich ist der Tisch gedeckt
Käfer Würmer Maden und Früchte
Auch kleine Nager Bäuche füllen
Und Engerlinge Asseln Schnecken
All dies der Tiere Interesse weckt
Wenn der Sommer zur Neige geht
Von West her steife Winde wehen
Fällt ein Festmahl von den Bäumen
Von Kiefern Fichten Tannen
Fallen reichlich begehrte Zapfen
Specht und Finken sind erfreut
Fichtenkreuzschnabels reiche Beute
Eichkater Otto bekommt sein Teil
Von Kastanien Bucheckern Eicheln
Appetit der Schweine hat keine Ende
Starker Keiler namens Nimmersatt
Weil dieses Schwein ist niemals satt
Nimmersatt ist Chef in dem Revier
Sorgt mit seinen Hauern für Respekt
Hat stets Vorrecht vor allen Tieren
Frisst und frisst was ihm schmeckt
Wehe sich wer in seine Nähe wagt
Der wird wutentbrannt davon gejagt

Ist der Keiler wütend dann und wann
Rennt er gegen starke Bäume an
Einer alten Eiche ist es schnuppe
Wenn ein Schwein an ihr schuppert

Bernhardiners Ruhe

Auf die Gesundheit soll ich achten
Mama Berhardina dieses rät
Doktor Herrchen Freundin und Verwandte
Sagen wie gut mir Ruhe tät

Zu vieles macht mir Kummer
Was niemand Wohlbefinden nennt
Krankheit Verfolgung Ärger Hunger
Und was sonst auf der Seele brennt

Kalte Winde Eis und Schnee
Mag ich leiden tun mir nicht weh
Doch liebe ich ein gutes Mahl
Warmen Platz neben der Ofenbank

Nachbars Spitz stürmt heran
Bellt bellt und fletscht die Zähne
Ich hebe das Haupt schau streng ihn an
Lege dich nieder strahle Ruhe aus

Job für Ochsen

Aufgebrochen Klugheit zu finden
Wissen zu erwerben und Fertigkeiten
Mit Geduld und Fleiß zu ringen
Und neue Wege zu beschreiten

Mit Vorsätzen voll gepackt
Ein Ochse zieht durch das Land
Klopft an Türen um zu fragen
Meister kann ich Arbeit haben

Viele Gewerke probiert er aus
Mit gar nichts hat er Glück
Hat einfach kein Geschick
Wird auch nicht klug daraus

Meister Langohr erteilt ihm Rat
Gemeinsam schreiten wir zur Tat
Säcke tragen und Karren ziehen
Arbeit die wir beide lieben

Offene Türen

Grimbart und Reinecke beschließen
Wollen künftig Freunde sein
Wollen teilen was sie besitzen
Zu Festen gegenseitig laden ein

Einander öffnen alle Türen
Besuchen feiern Tag und Nacht
Grimbarts gleich als erste führen
Ihre Familie zu Reinekes Bau

Sofort beginnt ein wildes Treiben
In allen Stuben über Tische Bänke
Zerstörungswut und Schweinerei
Beschimpfungen und übles Gezänke

Danach ist Reinekes Familie dran
Füchslein rücken beim Dachsbau an
Grimbart hat den Bau versperrt
Füchslein alle sind verärgert

Reineke gar nicht erfreut
Grimbart ist kein guter Freund
Denn wer verschließt sein Haus
Sperrt Freundschaft und Liebe aus

Kamingeflüster

Kaminfeuer knistert gespanntes Horchen
Märchen Sagen Gruselgeschichten
Wenn es beliebt auch Scherzgedichte
Familie Gäste spitzen ihre Ohren

Feen im Moorgrund

Hügeliges Land unweit hoher Berge
Fruchtbare Felder bunte Wiesen
Moore Weiher kleine Bächlein fließen
Da leben Menschen Tiere und Zwerge

Auch gute Feen sind hier zu Hause
Helfen Bauern auf den Feldern
Arbeiten fleißig ohne Pause
Sammeln Reisig Pilze in den Wäldern

Spinnen hurtig Flachs und Wolle
Weben Garn zu allerschönsten Stoffen
Ruft Blasmusik zum bunten Feste
Feen tragen Kleider ihre allerbesten

Feen sind mit jeder Kunst vertraut
Lehren die Kinder tanzen und singen
Und zu ehren Bräutigam und Braut
Hört im Tal man Hochzeitslieder klingen

Junge Burschen voller Übermut
Zerschlagen was Feen sich erschaffen
In Trunkenheit und Zerstörungswut
Spinnrad Webstuhl alle Sachen

Alle Feen sind entschwunden
Vom Moorgrund den sie liebten
Menschen bekamen keine Kunde
Wo die guten Feen sind geblieben

Weihnachtstraum

Träume machen Wünsche wahr
Und bewirken Wunder
Was in heiliger Nacht geschah
Hört nun meine Kunde

Geschenke vor mir ausgebreitet
Alles was ein Herz begehrt
Unanständig teuer und opulent
So wie man Weihnacht kennt

Mein Traum macht dem ein Ende
Entführt mich in viele Länder
Schenke Frierenden warme Gewänder
Und Nahrung in bittende Hände

Schlimme Wunden verbinden
Trost für Mütter und Kinder
Gebe Rat und Hilfe ohne Ruh
Und frage was ich noch kann tun

Zu Ende ist der Weihnachtstraum
Ich kehr zum frohen Fest zurück
Kleine Geschenke unterm Baum
Und weiß jetzt was bedeutet Glück

Holde Sirene

Deiner Schönheit hoffnungslos verfallen
Deiner Stimme silberklarem Klang
Wenn früh die ersten Sonnenstrahlen
Den erwachenden Tag verzaubern

Wem gelten die zarten Melodien
Jede von erlesener Harmonie
Welchem Jüngling sahst du ins Auge
Der aus Liebe ins Meer wird tauchen

Den Jüngling der liebend bas errötet
Naht er sich den tosenden Gestaden
Wirst du erbarmungslos ihn töten
Wie das Sirenen immer taten

Ein Mädchen abends auf den Klippen
Suchend mit Tränen im Gesicht
Und lauten Klagen auf den Lippen
Mit der Sonne Hoffnung schwindet

Waldgeist

Wind in den Bäumen rauscht
Munter plätschert der Bach
Der Köhler weinend klagt
Mit quälendem Hunger im Bauch

Verhärmt und zitternd steht
Vor ihn ein Alter bittend
Ihm abzugeben von der Zehrung
Und Feuerholz für seine Hütte

Der Köhler schreitet zur Tat
Sammelt Feuerholz für ein Jahr
Trägts zur Hütte wie der Alte will
Derweil jener seinen Hunger stillt

Zum Fällen kommt er nicht mehr
Schläft ein unterm Tannenbaum
Und träumt einen süßen Traum
Von Feuer Kohle und von Teer

Erwacht als die Sonne untergeht
Das Holz gefällt der Meiler steht
Das ganz Tagwerk ist getan
Der Köhler zündet den Meiler an

Hält einen Beutel in der Hand
Und denkt es sei wundersam
Das Glück ist dem Köhler hold
Findet im Beutel pures Gold

Liebe am Meer

Jugendliebe die heiß brennt
Die schöne Beeke und Fischer Peer
Beeke täglich auf der Klippe bangt
Dass der Liebste gesund heimkehre

Lange schon warf der Meeresgott
Auf Peers schöne Braut ein Auge
Hat die als Menschenkind geboren
Zur künftigen Ehefrau erkoren
Das große Fest ist schon bereitet
Geladen Ungeheuer aller Meere
Riesenkraken Piranhas große Heere
Allein die Braut wird nicht gefragt
Längst geplant der brutale Raub
Die schöne Beeke nehmen mit Gewalt
Nicht Liebe ists nicht Menschlichkeit
Die Neptun zu solchen Taten treibt

Todesmutig Peer den Fels erklimmt
Trotzt des Meeres donnernder Flut
Glücklich Beeke in die Arme nimmt
Liebe besiegte Neptuns Wut

Jungfrau hinterm Regenbogen

Zwei junge Leute Alica und Gregor
Seit langem inniglich verliebt
Wie es im beschaulichen Dorfe
Nur noch manchmal gibt

Eines Morgens am gewohnten Ort
Blieb Gregor ganz allein
Zu suchen die geliebte Braut
Zieht Gregor durch das ganze Land
Fragt Junge Alte alle Leute
Ein Weiser der Alica gut gekannt
Denkt nach und erinnert sich
Die *Weiße Frau* nahm sie als Beute
In großer Sorge zieht Gregor weiter
Über Gebirge Sümpfe und Felder
Befragt den Uhu im hohen Tann
Weißt du von Alica bitte sag an
Die Weiße Frau kam vorbei geflogen
Mit Alica hin zum Regenbogen
Über den Regenbogen musst du gehen
Willst du die Liebste wieder sehen
Aus Kräutern braut er einen Trank
Sich zu rüsten für den Kampf
Geduldig warten auf den Regenbogen
Da kommt die /Weiße Frau/ geflogen
Mutig tritt Gregor ihr entgegen
Die Zauberin muss Frieden geben

Behende auf den Regenbogen steigen
Zum anderen Ende hinunter gleiten
Alica beglückt in die Arme nehmen
Und Hand in Hand nach Hause gehen

Streithammel

Ein Schafskopf aus München
Und ein Schafskopf aus Berlin
Ergehen sich in in einem Streit
Ihr Blöken hört man landesweit
Jeder heißt den andern schlecht
Wer am lautesten schreit hat Recht
Die Schafe hören verwundert zu
Wer soll die Herde führen
Und wer Gerechtigkeit üben
Aus der Rhön ein alter Bock
Hebt majestätisch seinen Kopf
Und spricht
Kluge Schafe eifern nicht
Versöhnen das ist eure Pflicht

Weissagung

Geboren in einsamer Kate
Eine alte Kräuterfrau stand Pate
Und weissagt ein Wunderkind
Das Menschen Trost und Hoffnung bringt

Klein Hilde man das Mädchen ruft
Das bald schon auf Wiesen sucht
Wurzeln Kräuter Blüten und Rinden
Dass Menschen und Tiere Heilung finden

Ein Holzfäller ist schwer verletzt
Klein Hilde vernimmt die Kunde
Mit Binden Tinktur zum Walde hetzt
Lindert Schmerzen verbindet Wunden

Mit Kampfgeschrei kommen Krieger
Rauben morden und brennen nieder
Klein Hilde erreicht schlimme Kunde
Spendet Trost Nahrung versorgt Wunden

Klein Hilde wirkt gar viele Jahre
Bis umging eine traurige Kunde
Eine Inschrift auf ihrem Grabe
Hier ruht ein wahres Wunder

Tochter der Sonne

Niemand weiß woher sie kam
Barfuß nur ein Kleid aus Leinen
Die ganze Habe in einem Beutel
Mund und Augen freundlich lachen
Fragt kann ich mich nützlich machen
Singt und tanzt
Und lehrt die Kinder
Wunden heilen Schmerzen lindern
Steht jungen Müttern bei
Eingeschlossen in allen Herzen
Keinem ist sie einerlei

Niemand weiß wohin sie ging
Niemand wusste ihren Namen
Von allen die sie gekannt
Tochter der Sonne genannt

Traumzauberland

Fern von da wo du lebst
Hinter hundert Bergen
Und neunundneunzig Tälern
Wohnt eine alte Märchenfee
Schon sehr lange lebt sie da
So lange wie es Menschen gibt
Daher kennt sie alle Märchen
Schenkt sie Kindern die sie liebt

Musst nicht steigen
Über hundert Berge
Und nicht schwimmen
Durch neunundneunzig Flüsse
Kannst schonen deine Füße
Die Fee kommt zu dir
In stiller Nacht
Sorgsam vom Mond bewacht
Und schlüpft in deinen Traum
Erzählt dir Märchen wunderschön
Von Sachen die du nie gesehen
Auch von Räubern und Dieben
Und Rittern die sie besiegen

Wenn später du zur Schule gehst
Erzähl den Kindern allen
Von deinem sonderbaren Traum
Schreib es auf was du erlebt
Die ganze Geschichte
Male sie all die Helden
Und auch die Bösewichte

See der Tränen

Der Minne hoffnungslos verfallen
Als sie sich ins Auge sahen
Der Martin eines Ritters Knappe
Und Adela Tochter eines Grafen

Schworen im geheimen ewige Liebe
Derweil Trommeln zum Kampfe riefen
Zum Aufbruch die Ritter traten an
Martin gab Adela einen Talisman

Träumten nachts vom Wiedersehen
Und nie mehr auseinander gehen
Warteten Sehnsuchtsvoll drei Jahre
Ohne Lebenszeichen zu erfahren

Der Liebesschwur blieb nicht geheim
Belauscht von einem bösen Geist
Derweil der Heerbann zog gen Franken
Da gebar der Geist den Mordgedanken

Als der Hauptmann den Feind gewahrte
Sprengte Martin durch das Tal
Ein Erdfall tat sich plötzlich auf
Pferd und Knappen gänzlich fraß

Adela empfing alsbald die Kunde
Ritt hin wo der Schatz entschwunden
Kniete hin und weinte Ach und Weh
Ihre Tränen füllten einen See

Zauberlöffel

Frühmorgens Wassersuppe
Mittags betteln in der Stadt
Später auf dem Marktplatz klauen
Abends hungrig gehen zu Bett

Mädchen schlecht gekleidet
Starrt ihren leeren Teller an
Mit Ach und Weh Hunger leidet
Ruft gute Fee um Hilfe an
Eine Löffel schenkt die ihr
Alt abgenutzt und ohne Zier
Dieser Spruch bewirken soll
Dass der Teller werde voll
Löffel Löffel rühre
Bohnen Speck und Brühe
Salz Pfeffer Lorbeerblatt
Dass Hungrige werden satt
Das Mädchen tränenden Auges
Sagt der Fee lieben Dank
Genug zu essen lebenslang
Für viele Menschen ein Traum

Ein Märchen nur die Geschichte
Solchen Löffel gibt es nicht
Doch tät ich gern berichten
Dass die Welt ohne Hunger ist

Mama Anuko

Axtschläge hallen herab vom Fjell
Wo Mama Anuko Bäume fällt
Braucht Brennholz für ihr Haus
Wo vier Kinder harren aus

Deren Vater nicht mehr am Leben
Ihn erschlug ein Troll
Und Anukos ganzes Streben
Für ihre Kinder der Liebe voll

Und nach alter Mütter Weise
nimmt sie sich der Lasten an
Hütet Rentiere wie ihr Mann
In den Nächten weint sie leise

Anuko fischt und geht auf Jagd
Nichts ist ihr zu schwer
Und wenn der Abend naht
Sucht Trost sie in den Sternen

Lesen schreiben lehrt sie Kinder
Alles was die Jugend braucht
Fleiß und Wissbegier nicht minder
Rechtschaffenheit und Güte auch

Ist erwachsen das jüngste Kind
Anuko fragt wo die Jahre sind
Die Haare grau ihr Rücken krumm
Ihr Werk getan das Leben um

Hoch am Fjell liegt sie begraben
Mit Blick über das weite Land
Ein Stein trägt ihren Namen
Da wo sie ihren Liebsten fand

Attjis Heimkehr

Attjis der junge Same
Der die weite Tundra liebt
Wie auch die Jungfrau Tialmi
Möchte das Meer befahren

Der sich baut ein stolzes Boot
Wendig schnell und sehr robust
Beladen mit Netzen und Proviant
Das Segel groß und blutrot

Attjis will die Welt besehen
Abenteuer und Kämpfe bestehen
Lernen und Erfahrung gewinnen
Und reiche Schätze finden

Jungfrau Tialmi auf der Klippe
Tränen im Gesicht im Herzen Trauer
Mit einem Jeuk auf den Lippen
Das Segel entschwindet dem Auge

Zur Klippe geht Tialmi täglich
Den liebsten zu warten und zu weinen
Nach einem Jahr das rote Segel
Leuchtend am Horizont erscheint

Attjis sicher steuert sein Boot
Einzufahren in den sicheren Fjord
Mächtiger Strudel durch starke Tide
Zieht Boot und Attjis in die Tiefe

Bald darauf gespenstische Ruhe
Kein Boot kein Attjis am Ufer
Tialmi stürzt in Neptuns Reich
Im Tod sind die Liebenden vereint

Verrat und Sühne

Eingeschlossen zwischen fremden Reitern
Bogenschützen auf flinken Pferden
Grausame kampferprobte Sarazenen
Nahrung Wasser den Kreuzrittern fehlen

Ungleich überlegen scheint der Feind
Berühmt und tapfer Ritter Kuno
Verstärkung zu rufen bekommt er Order
Ihn verrät ein falscher Freund

Sich durch Feindes Linien schlagen
Ritter Kuno ist darin erprobt
Auf Verrat folgt feiger Hinterhalt
Kuno erleidet Folter und den Tod

Offenbart sich Freunden im Traum
Sendet Botschaft verkündet Hoffnung
Nicht verzweifeln kämpft um Glück
So kehr ich bald zu euch zurück

Über zerstörtes Land und Wüsten
Fliegt Kuno Helfer in der Not
Fürchtet nicht Schwerter Pfeile
Dahin wo blutiges Gemetzel tobt

Bei Freunden endlich angekommen
Bestimmt Geistesstärke das Geschehen
Dem Verräter das Augenlicht genommen
Auf dass der blind ein Ende nehme

Die Schlachten sind nun bald vorbei
Die Kämpfer wenden sich zur Heimat hin
In Frieden arbeiten leben ist ihr Sinn
An Ritter Kuno erinnert ein großer Stein

Verstoßen und aufgenommen

Ein kleiner Geist in kurzen Hosen
Ward jüngst vom Clan verstoßen
En sitzt hier auf Schlosses Mauer
Ist auf den Obergeist sehr sauer

Bekannt ist der Geister Wesen
Müssen beständig Tag in Nacht
Allen Menschen Ärger machen
Erschrecken und das Fürchten lehren

Vom Dorf her Kinderlieder klingen
Da flieg ich hin um mitzusingen
Ich kenne all die schönen Lieder
Die Kinder trällern immer wieder

Nun bin ich in Kreises Mitte
Bin nicht zu sehen doch zu hören
Kinder spitzen ihre Ohren
Sage uns wer du bist bitte bitte

Den Schleier lüftet der kleine Geist
Begrüßt mit Diener all die Kinder
/Ich möchte gerne bei euch bleiben
Mit euch spielen tanzen singen im Kreis/

Die Kinder heißen ihn willkommen
Geist und Freund der Menschenkinder
In den munteren Reigen aufgenommen
Gutes tun und glücklich sein für immer

Lokomotive

Unablässig muss ich schnaufen
große Mengen Wasser saufen
Koks oder Kohlen essen
Läuten Pfeifen nicht vergessen

Große Lasten darf ich ziehen
Güterzüge von hier nach da
Kühe Schweine andere Tiere
Und ein ganzer Zirkus gar

Ferienzug mit bunten Wimpeln
Für hunderte fröhlicher Kinder
Urlauber sich nach Bergen sehnen
Oder segeln weit übers Meer

Kohlezüge Holz und Stahl
Maschinen Autos nach überall
Mannschaftswagen gar nicht toll
Weil Militär zur Front hin rollt

Alt geworden stehe ich hier
Auf *Abstellgleis Nummer Vier*
Meine traditionellen Farben
Wechseln bald zu rostigem braun

Viele Jahre musste ich schnaufen
große Mengen Wasser saufen
Koks oder Kohlen essen
Läuten Pfeifen bald vergessen

Kleines buntes Haus

Jeden Sonntag vor dem Häuschen
Sie schenkt Vorübergehenden Sträußchen
Von Thymian Rosmarin und Salbei
Dass gesund sie bleiben alle Zeit

Das kleines Haus an Waldes Rand
Geschmackvoll bunt bemalt
Wer es sieht den macht es froh
Wer mag wohl darinnen wohnen

Rings herum ein kleiner Garten
Wo Gemüse und Kräuter wachsen
Wie im Märchen steht ein Zaun
Weidenruten und lustige Figuren

Eine junge Frau die hier lebt
Eigenhändig das Häuschen schuf
Kranke heilt und Hoffnung gibt
Hat bei allen Leuten guten Ruf

Ein garstiger Nix sie begehrt
Trägt aus ihrem Haus sie fort
Sperrt sie in sein Wasserschloss
Darf nur selten nach oben gehen

Am Ostersonntag vor dem Häuschen
Sie reicht Vorübergehenden Sträußchen
Von Thymian Rosmarin und Salbei
Heiße Tränen sind auch dabei

Berggeister

Wenn es im Wald wispert sirrt und raunt
Und es heult und schreckt und knackt
Das ist der Berggeister wildes Sein
Das Unbekannte Heimliche ängstlich macht

Berggeister leben im Walde versteckt
Sind fleißig friedfertig und bescheiden
Kein Mensch der sie jemals gesehen
Kein Sterbenswörtchen mit ihnen reden
Doch sind sie da - du kannst es fühlen
Und deutlich ihren Lebensatem spüren
Es summt auf den Blüten
Schaukelt auf Zweigen
Webt und spinnt feinste Netze
Gurgelt im Bächlein
Knackt im Unterholz
Raschelt im Gras
Und trockenem Laub
Und ist Mensch oder Tier bedroht
- Berggeister helfen aus jeglicher Not

Wenn es im Wald wispert sirrt und raunt
Und es heult und schreckt und knackt
Öffne bei Mondschein unbesorgt dein Fenster
Denn Berggeister sind freundliche Wesen

Stimmen der Natur

Blätter wispern Bodennebel
Rot wird das Himmelszelt
Tausend kleine Flügel heben
Die goldene Sonne in die Welt

Herbstgefühle

Barfüßig wenn du magst
Über Stock und Stein
Genieße des Waldes Luft
Atme tief sie ein

Gib eine Chance
Allen deinen Sinnen
Und auch dein Körper
Wird gewinnen

Vorbei der heiße Sommer
Vorbei die drückende Hitze
Mückenplage und schwitzen
Bäume litten in der Sonne

Angenehm die kühlen Winde
Jacke und Bluse öffne
Abzuhärten deinen Körper
Bald schon wird es Winter

Laubbäume in bunter Pracht
Werfen ihre Früchte ab
Nüsse Bucheckern Eicheln
Auch Kastanien fallen reichlich

Für die Tiere großes Glück
Die an mir vorüber gehen
Im Winter bis zum Frühling
Von den Früchten leben

Abendruh

Wenn der Tag dem Dunkel flieht
Vögel es zum Nest hin zieht
Die Sonne überm Walde sinkt
Der Abendstern am Himmel blinkt

Zur Ruh sich wendet
Alles Leben alles Streben
Mücken emsig spielen
Im allerletzten Sonnenstrahl

Vom See her Kraniche rufen
Streben hin zum sicheren Ufer
Im flachen Wasser ist die Schar
Sicher bis zum neuen Tag

Mein Tagwerk geschafft
Bin müde und zufrieden
Freu mich auf den neuen Tag
Wie ich alle Tage liebe

Verlust

Ein dicker fetter Regenwurm
Schaut neugierig aus dem Boden
Die Amsel hat ihn gleich entdeckt
Will sich den Happen holen

Das Stückchen aus der Erde schaut
Die Amsel hat es im Schnabel
Sie zieht daran mit aller Kraft
Der Erfolg lässt auf sich warten

Stück für Stück gelingt das Werk
Obgleich der Wurm sich heftig wehrt
Nun liegt er da und windet sich
Rettung gibt es leider nicht

Dieser Kampf blieb nicht verborgen
Ein Rabe sich die Beute schnappt
Auch der muss für Kinder sorgen
Die Amsel leidet weiter Knast

Bergkönigin

Leben im wunderschönen Land
Auf beeindruckend hohem Berg
Dem zauberhaften grünen Wald
Und frage wer schuf dieses Werk

Wer schuf die steilen Felsen
Wer ließ so viele Bäume wachsen
Junge alte in eigener Gestalt
Und erstaunlich vielen Arten
Heimstätten der bunten Vogelschar
Milliarden Käfer Schmetterlinge
Pilze Mikroben unendlich viele
Mäuse tummeln sich im Laub
Davon Fuchs und Eule leben
Und die vielen stolzen Tiere
Die der Weidmann Wildbret nennt
Wildschwein Dachs und Rehe
Der Hirsch und sein Prachtgeweih
Für Jäger der besondere Reiz
Auch Wolf und Lux hier leben
Doch niemand will Antwort geben
Wer Herrin dieses Wunders sei

Ich suchte der Schöpferin Spur
Ist nicht verdorben
Und nicht gestorben
Bergkönigin ist Mutter Natur

Knabenkraut

Spazieren gehen Ruhe suchen
Ganz allein im Wald
Zwischen Erlen Eichen Buchen
Ich manche schöne Blüte fand

Auf der Lichtung Gräser wuchsen
Auf Blüten tummelten sich Bienen
Dazwischen vielfarbig grüßte
Die bei Insekten beliebte Lupine

Auf trockenem Wiesenhang
Niedlich und kaum zu sehen
Sah ich das *Kleine Knabenkraut*
Träumend im Grase stehen

Ich verneigte mich und frug
Wie kamst du Schöne her
Sie schaute und lächelte klug
Ich erinnere mich nicht mehr

Als Samenkorn trug mich der Wind
Über Wälder Täler Gebirge Seen
Durch die halbe Welt geschwind
In dieses Land das wunderschöne

Ich blieb noch eine Weile stehen
Bestaunte das Wunder der Natur
Und ich wünschte im Gehen ihr
Dass viele diese Schönheit sehen

Zwei Wege

Zwei Fichten nach Jahren gleich
Wie Zwillinge beieinander stehen
Die eine krumm und lückenhaft
Die andere ebenmäßig und schön
Geschaffen für die Weihnachtszeit

Die mit ihrer Schönheit prahlt
Im Walde strahlend wie gemalt
Morgentau in der Sonne glänzt
Wie tausender Diamanten Pracht
Und für die Ewigkeit gemacht

Die Schöne kommt bald zu Ehren
Reich geschmückt zum Weihnachtsfest
Doch Schönheit geht jäh perdu
Wenn Feiertage gehen vorüber
Hochmut in grauer Asche endet

Langes Leben der ungeliebten Schwester
Nutzt die Zeit und wächst und gedeiht
Genießt der Waldbewohner Gemeinsamkeit
Starkes Refugium für Vögel und Insekten
Dem gesunden Baum winkt ein langes leben

Dieses Beispiel soll uns lehren
Stolz und Hochmut
Sind niemals gut
Bescheidenheit bringt
Glück und Segen

Morgensonne

Der Silberstreif am Himmel sachte
Weicht aufkommendem Morgenrot
Erste Vögel heben an zu singen
Betörendes Konzert in früher Stunde
Für Augen und Ohren ein großes Fest
Aufregend das Wechselspiel der Farben
Von blass - Grün
Nach Gelb - Orange
Bis tief - Rot
Sehr zögerlich schiebt der Feuerball
Grell blendend sich über den Horizont
Wächst steigt hoch und höher
Der Vögel Gesang laut und lauter
Der Feuerball frei am Himmel schwebt
Löscht seinen Durst am Morgentau
Die Vögel ehrfurchtsvoll verstummen
Die erste Hummel zur Blüte strebt

Kannst du fühlen

Kannst du fühlen wie es ist
Wenn du einen Käfer
Einen Regenwurm zertrittst
Wie eine Ricke leidet
Wenn stirbt ihr Kitz
Wenn Nestlinge verenden
Weil Vögel Meisen Finken
Keine Nahrung finden

Natur verödet und verarmt
Wer spürt es nimmt es wahr
Getreidefeld ohne Kamille
Ohne Kornblume ohne Distel
Und Ampfer macht sich rar
Der früher so üppig war

Eintönig Wald und Felder
Eintönigkeit macht krank
Was macht es mit mir selber
Ich sitze auf der Bank
War ich nützlich der Natur
Oder Umweltsünder pur

Dichter Nebel

Im ganzen Tal dichter Nebel
Und das seit Tagen schon
Aus feinster Watte der Himmel
Sie zu greifen steht der Sinn
nicht stoisch zum Fenster starren
Und auf schöne Tage warten

Draußen ist herrliche Stille
Tiere im Unterholz bleiben
Kein heulender Wind
Frösteln trotz dicker Jacke
Ganz leise nur Vögel piepsen
Unter Füßen Äste knacken

Steiler Felsabhang gut bekannt
Vorsicht - tief gehts hinab
Nebel die Gefahr kaschiert
Nicht Angst nicht zitternde Knie
Ruhig die Märchenstimmung genießen
Wie damals Caspar David Friedrich

Emsige Meise

Kleine Meise im Garten
Fleißig sucht und pickt
Flechten Halme Daunen
Und Wachsam um sich blickt

Sammelt fliegt und sammelt
Immer und immer wieder
Emsig bis der Tag vorüber
Mond scheint überm Garten

Im Kasten ein weiches Nest
Weit oben sicher am Haus
Frau Meise darin sitzt
Brütet geduldig Eier aus

Das weitere kennt jedes Kind
Hungrige Meisenkinder schlüpfen
Eltern atzen gefräßige Küken
Die bald schon erwachsen sind

Ich freue mich auf die Schar
Zahlreicher als sie vorher war
Finden sich an Futterplätzen
Tun viel Gutes meinem Garten

Was die Rose spricht

In einem Rosengarten
Wo Menschen wandeln
Bewundern all die Pracht
Und jedem das Herze lacht

Wie ich so für mich gehe
Die vielen Schönheiten besehe
In meinem Ohr eine Stimme
Sag an mein Freund
Was spricht dich an
Erregt deine Sinne
Und belebt den Geist
Muss nicht lange überlegen
Ja die überwältigende Flut
Der Farben Formen Düfte
Schwebe selig durch die Lüfte
Wundervolle Kraft mich trägt

Darum liebe Freunde
Die ihr so fühlt wie ich
Keinen Blick zu versäumen
Naturschönheit führt zum Licht

Sorgfalt

Am Meisenkasten emsiges Treiben
Das Meisenpaar versorgt die Lieben
Mit Futter hin und her zu fliegen
Dass Nestlinge nicht Hunger leiden

Körner für Eltern Insekten die Kinder
Am Futterkasten Körner picken
Dann Käfer Würmer Engerlinge
Im Schnabel zur Familie bringen

Das beste für die lieben Kleinen
Lebendfutter das ganz feine
Bis flügge ist die Kinderschar
Zum Nutzen für Natur und Garten

Herzerfrischend wie ein Fest
Die Meisenschar ihr Haus verlässt
Wollen die ganze Welt besehen
Als freie glückliche Meisen leben

Begegnung

Am See auf einsamer Bank
In Gedanken eine alte Frau
Lädt mich zum Verweilen ein
Ich setze mich zu ihr nieder

Sie scheint mir sehr vertraut
Die ich doch gar nicht kenne
Sie beginnt sofort zu sprechen
Von Bäumen Tieren und Kräutern

Gespannt hör ich der Alten zu
Beträchtlich ihr Wissensschatz
Bei jedem Wort und jedem Satz
Von hohem Wert lerne ich hinzu

Fast unbemerkt die Verwandtschaft
Und Vertrautheit unserer Seelen
Von Anfang an waren wir per DU
Ich möcht sie gerne wieder sehen

Bezaubernde Laute

Am frühen Morgen im Wald allein
Zu lauschen was Natur mir sagt
Nah bei mir ein Bächlein rauscht
Morgensang der Vögel erschallt

Mix der Laute stimmt mich froh
Dieses Konzert hörte ich nirgendwo
Lichtspiel mit magischen Farben
In den Wipfeln wie polare Nacht

Kunst liebende geschickte Hände
Dem Wald eine Windharfe schenkten
Weit oben an einer Kiefer Stamm
Regt der Wind die Saiten an

Vier Stück für jede Richtung eine
Töne dem Gesang der Sirenen gleichen
Betörende Stimmen der rauen Winde
Sich den schönen Künsten verbinden

Herbstanfang

Auf Gehsteig und Straße gelbe Blätter
Im Winde wirbeln durch die Lüfte
Verschnupfte Leute klagen übers Wetter
Von Buchen und Kastanien falle Früchte

Kalender zeigen der Sommer ist vorbei
Frühherbst präsentiert seine Reize
Altweibersommer reizt zum Wandern
In Berge von einem Gipfel zum anderen

Frühmorgens trübt Nebel uns die Sicht
Nur langsam zeigt sich helles Sonnenlicht
Lockt letzte Bienen in die Rabatten
Dann naht der Abend mit langen Schatten

Stille

Bedächtig gehen Schritt für Schritt
Genießen diese himmlische Ruhe
Nein gewiss nicht absolute Stille
Angenehme Töne lebendiger Natur

Niemand ist allein in freier Natur
Nicht im Wasser in Feld und Wald
Jedes Wesen nimmt jedes andere wahr
Wie jedes zieht seine eigene Spur

Beglückend ist das Empfinden
Der Gemeinschaft diverser Wesen
Ohne Not und Zwang zusammen leben
Ein Jeder sein Glück hier findet

Wandende können hier vieles finden
Bewegung hilf Schmerzen lindern
Erholung, Eindrücke wohltuende Ruhe
Saubere Luft tut der Gesundheit gut

Bei uns daheim

Wo einst meine Wiege stand
Allzeit gute Freunde fand
Wo mich Bäume und Tiere kennen
Will ich gerne meine Heimat nennen

Reisen ohne Ziel

Fort und wieder heim
Ein Ticket begehrt der Mann
Zwecks Ausfahrt mit der Bahn
Junger Mann das kann nicht sein
der Fahrscheinverkäufer spricht
Ein solches Ticket hab ich nicht

Der Kunde wendet sich zu gehen
Zufrieden - kann man deutlich sehen
Und doch hat mein Leben Sinn
Selbst ohne Ziel - irgendwo hin
Mit Rucksack Wanderstock
Bunt besticktem Trachtenrock
Auf den Lippen lustige Lieder
Wandert ziellos -
Und kommt immer wieder

Dorf in Not

Wohin wenden wenn
Aus dem Dorf die Jugend flieht
Kindergarten und Schule schließen
Vereine im Nirwana entschwinden
Handwerksmeister verzweifeln
Die keinen Nachfolger finden
Schloss und Kirche arg verkommen
Verwaist sind Park und Brunnen
Kein Wirt ein Bier einschenkt
Linienbus stark eingeschränkt
Gemeindeschwester gibts nicht mehr
Ein Arzt kommt selten her
Im Umfeld leiden Wald und Flur
Niemand spricht mehr von Kultur
Kein Chor singt schöne Lieder
Die Bücherei bringt keiner wieder

Es schweigen die guten Geister
Allmächtige Zauberer und große Meister
Elfenbein Goldenes Vlies hoch begehrt
Könige Fürsten und die Grafen
Alle sie von Geldes Gnaden
Nehmen Knechten Bauern alles weg
Der Pöbel möge fressen Dreck
Junkerland in Bauernhand
Satan hat das umgekehrt
Der Bauer muss sich Acker borgen
Was er erntet sind nur Sorgen
Keinen Pfifferling seine Mühen Wert
Bauernstand total entehrt

Allein die Menschen können retten
Was der Markt total versaut
Ministerien Institute keinem helfen
Verlasst euch auf eigene Kraft
Ein jeder Dörfler kann was tun
Das Geringste ist besser als zu ruhn
Schafft Ordnung
Gestaltet um eure Welt
Macht es so
Wie es euch gefällt
Ihr seid klug und habt Ideen
Wartet nicht bis schlaue Eulen
Euer Tun total zerreden
Ihr seid das Volk
Und habt die Kraft
Bald habt ihr das Ziel geschafft

Wärme

Aufzuwärmen meine Seele
Zu erfreuen mein Gemüt
Und nicht länger quälen
Sucht ich wo das Leben blüht

Wandern durch die halbe Welt
Heute hier und morgen dort
Bin ich eben angekommen
Schon gehts zum nächsten Ort

Finde Menschen wahre Freunde
Andere sind mir Feind
Kenne Mädchen viele schöne
Doch nur eine liebt mich treu

Mein zu Hause meine Heimat
Angekommen um zu bleiben
Beliebt bei allen Leuten
Weltenbummler hol der Teufel

Horizonte I

Wer schaut nicht gern
Zum Horizont
Zum großen Ozean
Wo weiße Segel blinken
Im flachen Land
Die weite Ferne
Mit Dörfern und Städten
Hügeliges Land
Mit Feldern grünen Wäldern
Horizont mal deutlich und klar
Im Nebel verschwommen grau
In Wolken total verhangen
Doch ist er immer da
Nicht zu Ende ist die Welt
Wo Horizont und Himmel küssen
Gehe hin und du wirst wissen
Wohin dein Blick dann fällt
Vielen Menschen nicht genug
Bis zum Horizont zu gehen
Die ganze Welt zu sehen
Sie meinen das mache klug
Klug macht es den
Der offen ist
Für Menschen und Kultur
Wer nur liegt am Strand
Mit einem Sonnenbrand
Und außer Trinken und Essen
Seinen Horizont vergessen

Kleiner Broterwerb

Unter Bäumen zwischen Blumen
Da treibt er seine Studien
Sieht wie Leute sich verhalten
Und emsig ihren Tag gestalten

Mit Plastikbeutel und Rucksack
Eilen zum nächsten Containerplatz
Ich sammle Flaschen und Papier
Im Markt krieg ich Geld dafür
Wie jeden Tag habe ich Zweifel
Ob es für eine Mahlzeit reicht
Tag für Tag sich durchzuschlagen
Immer wieder Hunger haben
Meiden muss ich jeden Ort
Wo mich Politessen jagen fort
Und mir sagen *das darfst du nicht*
Was ich hier tu verboten ist
Daraus schließ ich messerscharf
Dass ich gar nicht leben darf

Nun steht er auf von seiner Bank
Sagt dem Schicksal vielen Dank
Dass er selbst nicht darben muss
Er hat Nahrung Geld im Überfluss

Bergknappe

Der Steiger stolz mit festem Tritt
Fährt früh morgens in die Grube ein
Am Habit fest hängt sein Geleucht
Gut befüllt erhellt es seine Schicht

Bergknappen sie warten schon
Das Erz zu hauen für kargen Lohn
Silber Zinn Cobalt und Antimon
Der Steiger treibt zur Eile an
Des Knappen Geleucht Frosch genannt
Trägt er bedachtsam an der Hand
Kriechend erreicht das Flöz vor Ort
Ohne Angst er ist täglich dort
Frisst den Dreck und atmet Staub
Wird lungenkrank blind und taub
Sucht das Erz mit seiner Funzel
Und wenn er endlich etwas gefunden
Legt mit Schlegel und Eisen frei
Was Fürsten glücklich macht und reich
Sackt alles Erz in eine Mulde
Trägt sie gebückt auf der Schulter
Wohin alle Bergknappen tragen
Einen schweren eisernen Wagen
Den Kumpel mit Händen und Winden
Steil hoch zur Seigerhütte bringen
Geht abends die Schicht zu Ende
Schmerzen Knochen bluten Hände

Die Ausfahrt fällt sehr schwer
Mit jeder Sprosse noch viel mehr
Oben angekommen auf die Knie fallen
Beten und für das Überleben danken

Gemeinsam gehen in Reih und Glied
Mit sauberem Habit zur Bergparade
Steiger und Bergknappen stimmen an
In alter Tradition das Steigerlied

Horizonte II

Wie weit reicht dein Blick
Unverstellt geradeaus und ungetrübt
Wo enden deine Gedanken
Oder kennst du keine Schranken
Wie lange währt dein Leben
Wer wird dir noch Aufschub geben
Was vermögen deine Kräfte
Wann ermüden deine Körpersäfte
Ist deine Börse gut gefüllt
Kann sie endlos deinen Hunger stillen
Wie stark ist deine Liebe
Kann sie Missgunst und Hass besiegen

Endlos sei dein Mut
Bleibe hilfsbereit und gut
Auf dass dein Blick sich weite
Dein Handeln werde klug und weise

Neunerlei

Heiligabend am Tische sitzen
Nach Küchenarbeit schwitzen
Jetzt kommt das Neunerlei
Zum frohen Schmaus sind wir bereit

Butter oder Semmelmilch mit Nüssen
Auf die Köchin warten tausend Küsse
Für gute Töne Linsen oder Erbsen
Und du wirst viel Kleingeld erben
Kraft Herzlichkeit schenkt die Bratwurst
Ein guter Tropfen löscht den Durst
Für gute Ernte Gesundheit Sauerkraut
Und dein Leben nicht versauert
Mit Kaninchen Gans fettem Schwein
Wirst du alle Tage glücklich sein
Grüne Klöße ein absolutes Muss
Rotweinhering ist ein Hochgenuss
Junge und alte Männer lieben Sellerie
Das gibt Fruchtbarkeit und Lust wie nie
Champignon Steinpilz oder Rote Beete
Werden dir Glück und Freude geben
Bratapfel oder Kompott zum Schluss
Was der Bauch noch haben muss

Bevor zu Ende geht das frohe Fest
Ein paar Plätzchen oder Stollen
Vom Mittag noch den letzten Rest
Nach dem Fest kann man uns rollen

Zeit der Runkelrüben

Straßen sind nass und schmutzig
Autoscheiben mit Dreck beschmiert
Ackerböden zerfurcht ohne Grund
Arbeit für Traktoren schwierig

Zeit der Runkelrüben ist gekommen
Schwere Arbeit für viele Hände
Kalte Nässe macht Finger klamm
Schwere Rübe aus der Erde ziehen
Jede zirka mehr als acht Kilo schwer
Sauber putzen Kopf abschneiden
Schwungvoll zum Wagen schmeißen
Bricht die Dunkelheit herein
Gehen erschöpft die Helfer heim
Kleidung nass vor Kälte steif
Auf Feldern Wiesen rauer Reif
Flugs aus Kleidern schlüpfen
Ein Bad erst kalt dann pudelwarm
Und schnell den Hunger stillen
Fallen in langen tiefen Schlaf
Indes der Bauer die Rüben bettet
Sorgsam für den langen Winterschlaf
Auf Stroh in Grube lang und breit
Zugedeckt mit Stroh und Erde
Dass daraus nahrhaftes Futter werde

Leuchte mein Ritter Runkel leuchte
Zu Hallo Ween leuchte allen Kindern
Dein Gelb und Rot bringt uns Freude
Dass Natur und Geister Ruhe finden

Heilige Stille

Ich möchte die Stile spüren
Lasse mich gern berühren
Gehe bedächtig vor das Haus
Wie verzaubert sieht es aus

Hell erleuchtet alle Häuser
In Fenstern Lichterbögen
Engel Bergleut halten Kerzen
Pyramiden werfen Zauberschatten
Christbäume reich geschmückt
Draußen herrscht totale Stille
Kein Vogelruf kein Hundebellen
Sternenhimmel langsam gleitet
Sternschnuppen blitzeschnell
An der Wand lehnen und schweigen
Gedankenlos und ruhig atmend
Sammeln und zur Ruhe kommen

Nachbarin kommt aus dem Haus
Tritt ruhig zu mir heran
Und spricht mich leise an
Genau so halte ich es auch

Blütenmeer

Üppig gedeiht Löwenzahn
Auf der Viehweide im Mai
Eintönig grell in gelb
Bald schon blüht der Raps
Von Horizont zu Horizont
Alles gelb nur gelb
Ach nein
Ganz schmal dazwischen
Eine Weißdornhecke
Bienen bald entdecken

Bergwanderer schätzen
Die Schönheit bunter Matten
Wo Arnika und Bärwurz wachsen
Und seltene Orchideen

Wer mag sie wohl vergessen
Im Gedächtnis im Gefühl
Die Wiesen unten am Fluss
In allen Farben bunte Blüten
Von der Natur ein Kuss
Mit würzigem Duft
Heu im Überfluss

Jenseits der Aue

Diesseits wohnen Feen
Schützen Felder Wiesen Seen
Jenseits schimmert andere Welt
Möchte schauen ob sie mir gefällt

Ich möchte gern erkunden
Was dort sich findet
Womöglich die Welt umrunden
Ozeane und Gebirge überwinden

Der Fluss das erste Hindernis
Nicht breit doch reißend schnell
Nicht Floß noch Boot einfach nichts
Keine helfender Geist zur Stell

Schwemmkies in der Mitte
Springe mit Gebet auf den Lippen
Kann sicher zu landen
Beide Beine tief im Schlamm

Augen zu wage ich mutig
Den zweiten Sprung - Erfolg
Vor mir eine Sandsteinklippe
Ich steige hoch zurück zu blicken

Mein Blick über das weite Tal
Welches Bild man nie vergisst
Und verstehe mit einem Mal
Wie schön meine Heimat ist

Wisahara

Als Bach enstsprungen an steilem Berg
Unter Eichen Tannen und Buchen
Behütet von fleißigen Zwergen
Wachse ich das Bächlein zu kleinem Flusse

Fließe weiter unter mächtigen Erlen
Baue mein Bett in vielen Mäandern
Trage Unmengen Kies ins Tal
Von den Menschen Wisahara genannt   *)

Schwemme flache Inseln auf
Und trage sie wieder ab
Zahllose Mühlen treibe ich an
Sie mahlen und klappern Tag und Nacht

Durchfließe wunderschöne liebliche Auen
Wo fleißige Menschen Dörfer bauen
Und auf fruchtbaren Feldern und Wiesen
Gedeihen goldene Ähren und saftige Gräser

Fließe gemächlich als Strom nach Norden
Entlang berühmter Burgen und Orte
Trage bald Schiffe mit weißen Segeln
Dem Wattenmeer und Ozean entgegen

```
*)  Mittelhochdeutsch f. "Wiesenfluss"
          = Werra und Weser
```

Erwachen in Fließhorn

Leichter Nebel auf dem Bodensee
Darüber die Silhouette Birnau
Langsam dem Dämmerlicht entstrebt
Mond erblasst im Schleier der Nacht

Es flieht die klare Sternennacht
Der Dämmerung des neuen Tages
Bis zum ersten goldenen Strahl
Der Vögel Trällern und Schlagen

Ein Quodlibet der schönen Stimmen
Ein Chorgesang nach strengem Plan
Pünktlich müssen sie beginnen
Aus voller Kehle freudiger Jubelsang

Strahlen am Horizont gülden und grell
Dem heiligen Feuervogel gleich
Die Sonne entsteigt dem dunklen Reich
Ist Hoffnung und Glück der Welt

Vögel fallen in andächtiges Schweigen
Kein einziger Laut mehr zu hören
Kein Schwanenschrei die Ruhe stört
So wie Menschen staunen und schweigen

Erinnerung

Wunderbarer Platz hier oben
Ruhebank weit über der Stadt
Körper und Geist sich erholen
Der Wanderer Zeit für Muse hat

Wanderung durch mein Leben
Mit allem Wohl und Wehe
Menschen mich lieb umsorgten
Machten Freude spendeten Trost

So manche heute noch errötet
Die ich im Mondschein traf
Die mir die Liebste Schönste
Und später einen anderen nahm

Sehnsucht nach den Kindern
Die verstreut in der weiten Welt
Sich ihrer Heimat gern erinnern
Und bleiben dort für immer

Viel Zeit um nachzudenken
Meine Freunde nicht vergessen
Ereignisse tief eingebrannt
In meinem Herzen gut verwahrt

Liebesträume

Süß die Rosen duften
Heiß dein Mund mich küsst
Meine allersüßesten Träume
Vertrau ich dem Sommerwind

Einfach Du

Wort für Liebe
Ein einfaches Wort
Nicht ich noch wir
Kennt nicht Vorwurf
Niemals Groll
Augen sagen Dank
Immer hilfsbereit
Und alles verzeiht
Voller Tatkraft
Vertrauen schafft
Gefunden endlich
Ist in Dir
Und in mir
Es heißt einfach Du

Nähe

Ich möcht dich gerne sehen
Von Angesicht zu Angesicht
Und sei es nur im Traum
Ich möcht so gerne laufen
Durch Sümpfe Wüsten grüne Auen
Dich in meine Arme nehmen
Ich möchte meine Seele tauchen
Tief versenken
In der deinen
Wir sind im Glück vereint

Geliebt

Behutsam berührt
Wohliges Schnurren
Und genussvoll gurren
Wunderbar dies Gefühl
Geht so den ganzen Tag
Wie Du es magst
Niemals überdrüssig
Wie die tausend Küsse
Lächelnd sagen Dank
Augen Lippen
Entzückend deine Haltung
Verlockend deine Anmut
Du nimmst mich
Ich nehme Dich
Trägst ein Hämatom mit Stolz
Wie du es gewollt
Du liebst und bist geliebt

Wanderers Liebe

Wanderer kommen und gehen
Es ist der Lauf der Zeit
Getrieben vom Liebessehnen
Nur der Treue bleibt

Bin so manches mal gegangen
Keine Schöne fest mich hielt
Immer trieb mich ein Verlangen
Die Allerschönste am neuen Ziel

So brach manches junge Herz
Niemals spürte ich den Schmerz
Der Schönen die am Orte bleibt
Unter Tränen trägt das Leid

Wortspiel II

Im Hause Spinnräder surren
Fleißige Mädchen in der Stube
Die hier vergnüglich schnurren
Liebkost von munteren Buben
Necken und wie Tauben gurren
Von süßen Küssen schier berauscht
In der Küche heftiges Murren
Wo besorgt die Mutter lauscht
Und vom Vater böses Knurren
Vergeblich der ganze Ärger
Denn die Liebe
Die Liebe ist viel stärker

Mein Schatz auf Pirsch

Wenn der erste Vogelruf erschallt
Und im Tann das Käuzchen schreit
Mein Schatz strebt hin zum Wald
Trägt die Flinte schussbereit

Durch Felder Wiesen Auen
Nach uraltem Brauche
Über hoher Felsen Gipfel
Durch Schluchten und Täler
Lockt das scheue Reh den Jäger
Fällt und bittet gebrochenen Auges
Wie Heidenröslein den Knaben
Den Weidmann um Gnade
Nach altem Glauben sei es Liebe
Was den Jäger wie den Knaben
Zu ihrem Handeln triebe

Nach Stunden geduldigen Wartens
Mein Schatz ohne Beute kehrt zurück
Nimmt mich freudig in seine Arme
Gut erholt das nenn ich Glück

Veitstanz im Kopf

Tarantella im Herzen
Heuschrecken im Magen
Unsicher meine Schritte
Nicht vom Alkohol
Noch weniger von Drogen

Bisher nicht gekannt
Gefühl wie Walpurgisnacht
Und ich ganz in der Mitte
Mädels ringsum im Reigen
Stolz ihre Schönheit zeigen

Ich suche nur die Eine
Die mich wie ich sie begehrt
In ihren Augen eine Bitte
Dass wir uns vereinen
Auf ewig zusammen wären

In ihrem Blick verfangen
Nehm ich sie in den Arm
Zärtlich küssende Lippen
Die Stimme freundlich warm
Sind in Liebe aufgegangen

Augen leuchten

Schau in meine Augen
Weiche nicht meinem Blick
Du willst mir gerne trauen
Und suchst das große Glück

Ich seh in dir ein Leuchten
Schillernd strahlt dein Wesen
In meinen Augen hast du gelesen
Ich ahne was dies bedeutet

Du bist in mich verliebt
Hast deine Zweifel abgelegt
Das macht dich so vergnügt
Deine Seele vor Wonne bebt

Glücklich bei Händen fassen
Niemals mehr von ihr lassen
Es geschah vor fünfzig Jahren
Als wir uns die Liebe gaben

Gefunden

Getrieben etwas zu suchen
Finde einen wilden Garten
Schön wie Arkadien
Tausend Blumen Gräser Kräuter
Mitten drin fast verfallen
Ein kleines Haus
Eine Rose die hier blüht
Sie zu brechen viel zu schön
Und weitere Blüten sind zu sehen
Viel Hunderte und noch mehr
Und wie die erste genau so schön
Wer mag hier leben
Für die Schönheit der Natur
Sein aller Bestes geben
Doch was ich sehe
Zwei aufmerksame blaue Augen
Roter Mund und rote Wangen
Und anmutig fallende Locken
Eingebettet
Zwischen Blüten und Blättern
Ein Mädchen
Sie scheint mir wohl bekannt
Die im Maien oft mit mir getanzt
Sie mit zu mir nach Hause nehmen
Für alle Zeit zusammen leben

Da plötzlich krähte laut ein Hahn
Dieser tat mir das schon öfter an
Aus der viel zu schöne Traum

Als ich eitel wurde

Knabe mit wirrem Haar
Trage einfache Kleidung
Schmiere viel Pomade
Doch es hält kein Scheitel

Mama ist unzufrieden
Ich soll auf mich achten
Weiß was Mädchen lieben
Und soll Eindruck machen
Möchte klettern über Zäune
Über Mauern und auf Bäume
Möchte klauen süße Äpfel
Kirschen aus Nachbars Garten
Dazu einen schönen Strauß
Uuuups - ein Blu-men-strauß
Das ist wirklich ganz neu
Für meine kleine Freundin
Aus dem Nachbarhaus
Mit der ich mich treffe
Heimlich in der Dämmerstunde
Stehen eng umschlungen
Hinter lauschiger Hecke
Niemand darf uns sehen
Niemand darf uns hören
Wenn wir ewige Treue schwören
Geheimnis bleibt nicht geheim
Ich mache mich nun fein
Habe für Freunde keine Zeit
Fällt mein Name irgendwo
Die Freundin wird knallrot

Keine Liebe bleibt verborgen
Wenn nicht heute aber morgen
Verräter ist zu jeder Zeit
Der Verliebten Eitelkeit

Pflaumen schütteln

Bäuerin mit krummem Rücken
Tochter schickt Pflaumen schütteln
Die läuft erfreut zum Garten
Ihren Liebsten zu erwarten

Im Garten angekommen
Den Liebsten küssen voller Wonnen
Hurtig schütteln sie die Bäume
Voll sind bald alle Körbe
Die Schöne lehnt an einem Baum
Der Junge nimmt sie in den Arm
In ihren Augen ein süßes Bitten
Stürmisch beide weiter schütteln
Voller Lust sie tirilieren
Und ihre Sinne sich verlieren
Wollen nicht von einander lassen
Bis ermüdet sie nach Hause hasten

Als der kalte Herbstwind weht
Stolz und rund sieht man sie gehen
Leute schelmisch nach ihr blicken
Das kommt nur vom Pflaumen schütteln

Schäferstündchen im Stroh

Ein Rendezvous im Stroh
Junges Glück in lauschiger Nacht
Gemeinsam schauen die Sternenpracht
Wie macht das junge Herzen froh

Zur Strohmiete streben Hand in Hand
Hin zum beliebten Nachtasyl
Dem großen Lager weich und sanft
Fallen in die Tiefen der Gefühle
Warmer leichter Regen geht hernieder
Das Strohlager zum Glück überdacht
Kleider fallen offenes Mieder
Gegenseitig helfen wohl bedacht
Heiße Küsse
Süßes Stöhnen
Mit sanftem Streicheln
Sich verwöhnen
Neben an ein leichter
unterdrückter Schrei
Verständnisvolles Lächeln
Wir sind nicht allein

Die Liebe ist ein Privileg
Für alle die sie mögen
Und solange die Welt sich dreht
Liebende die Liebe pflegen

Affinität

Jegliches Licht zieht die Motte an
Stinkender Kadaver die Fliege
Gold und Diamanten das Verbrechen
Schmackhafter Köder den Fisch

Mich zieht eine an das bist Du
Wie schon vor vielen Jahren
Als jung wir beide waren
Süß und keck kamst du daher
Keine Chance mich zu wehren
Da wuchs in mir die Sympathie
Unaufhaltsam dann die Liebe
Du errötest sobald ich dir nahte
Ein Leben lang sind wir ein Paar

Jegliches Licht zieht die Motte an
Die in der Hitze oft verschmort
Du bist die Frau die mich betört
Deine Hitze hat mir's angetan

.

Küsse und Lüste

Fröhlichkeit erwächst aus Lust
Seligkeit von einem Kuss
Mit Sehnsucht beginnt der Tag
Mich bis zum Abend begleitet
Und schlaflose Nacht bereitet

Dich Schöne lasse ich wissen
Dass ich liebend gern dich küsste
Auf Stirn Wangen Mund und Augen
Auch Handteller Ohren und Nacken
Hört man - sollen dafür taugen

Ich möchte dich gern berühren
Deinen Atem deine Wärme spüren
Dein Anmut zieht mich magisch an
Frage was kann ich mir trauen
Leider ist das nur ein Traum

Licht in deinen Augen

Leuchten in den Augen
Lächeln auf den Lippen
wünsche und Träume entzücken
Spüre ich bin verzaubert

Deine Schönheit Neugier weckt
Ich suche deine Nähe
Dein Blick verrät Interesse
Fasse Mut und sprech dich an
Uns offenbart sich Sympathie
Wollen uns gerne wieder sehen
Treffen uns jetzt täglich
Und weil das immer weiter geht
Vereint uns heiße Liebe

Leuchten in den Augen
Süße Küsse unserer Lippen
Umarmungen entzücken
Von Liebe höchst verzaubert

Süßer Schlaf

Liege neben dir
Und schau dich an
Bist wohl behütet
In Morpheus Arm

Möcht gern wissen
Was du träumst
Dass meine Küsse
Du nicht versäumst

Warum ist dein Schlaf
Manches Mal gestört
Dass mein Ohr laute
Hilferufe hört

Der Rücken meiner Hand
Streicht ganz sanft
Über Wangen und Haar
Du lächelst wunderbar

Liebe - deine meine

Nach dem Tanz nach Hause führen
Dein oder mein zu Hause gleich
Gegenseitig Nähe spüren
Fühlen wie im Himmelreich

Angeschmiegt ist Nähe nicht genug
Nehmen ab die Mäntel
Du den meinen ich den deinen
Erleichterung wie im Flug

Knopf für Knopf sind wir uns näher
Kleidungsstück für Kleidungsstück
Du die meinen ich die deinen
Unaufhaltsam naht das Glück

Voller Leidenschaft und Wonne
Liebend in den Arm genommen
Gefühlvoll in einander gehen
Glücklich den Garten Eden sehen

Menschen die ihr dies erlebt
Wisset das ist keine Sünde
Wenn früh Morgens bis Abendstunde
Pausenlos ihr nach Liebe strebt

Wenn der Hafer sticht

Ein Ziegenbock sehr verliebt
Und noch jung an Jahren
Muss doch nicht lange warten
Eine junge hübsche das Jawort gibt

So heißt es wenn die Liebe naht
Innere Unruhe dich erfasst
Jeder Blick die Wangen rötet
Dich mahnt länger nicht zu zögern

Rosenmund

Rote Lippen rote Wangen
Ihr schwarzes Haar Ellen lang
Sie kennenlernen wär mein Sinn
Schau ich begehrend zu ihr hin

Die Fremde schaut zu mir auf
Begegnet freundlich meinem Blick
Winkt mir freundlich lächelnd zu
Dankend geb ich den Gruß zurück

Geht gemessenen Schrittes weiter
Aufrecht graziös und heiter
Gut gewachsen wogender Gang
Ich denk an sie noch Tage

Unterm Apfelbaum

Kleine Bank unterm Apfelbaum
Eine junge Schöne wie im Traum
Bietet einen Apfel für einen Kuss
Keine Bitte es ist ein Muss

Kleine Bank unterm Apfelbaum
Eine reife Dame mit weißem Haar
Ihre Hand mir reicht zum Kuss
Aus vier Augen warmer Tränenfluss

Ich dreh mich weg schau in die Ferne
Denke zurück an die schöne Zeit
Die Zeit als ich musste lernen
Was ist Traum und was Wirklichkeit

Ich wende mich zurück zur Bank
Leere wo eben noch die Dame saß
Wo sind die Träume von Liebesglück
Nur vage Erinnerung bleibt zurück

Erscheinung

Aus dem Meerschaum zwei Sterne
Entsteigen strahlend den Wellen
Begrüßen staunend diese Welt
Ihr Haar trocknet kämmt der Wind

Klar und harmonisch ihre Linien
Harmonisch wie ferne Gestade
Rundungen sanft und wunderschön
Wie Aphrodite in alten Sagen

Rote Lippen warme Stimme verkündet
Ich bin da mein Liebster
Zwei Liebende sich finden
Und auf ewig sich verbinden

Süß die Rosen duften

Süß die Rosen duften
Wo wir uns gerne finden
Wie die Rosenblüten
Unter blühenden Linden

Deine Haare samtig weich
Sanft und weich deine Stimme
So betörst du meine Sinne
Nimmst völlig meine Seele ein

Deine blauen Augen strahlen
So rein wie Aquamarin
Und klarer süßer Wein
So rein soll Liebe sein

Deine roten Lippen küssen
Schmecken wie Honig süß
Säuseln von ewiger Liebe
Und dass es immer so bliebe

Es pfeifen kalte Winde
Der Herbstkühle bricht herein
Kann nirgendwo dich finden
Wo nur magst du sein

Herbstzeitlosen stehen
Wo wir uns gerne fanden
Sooft ich hier einsam wandle
Ich kann dich nirgends sehen

Leben mit Kunst

Wie Schmetterlinge sind Gedanken
Keine Fesseln keine Schranken
Und wo es grünt und blüht
Sind Schmetterlinge sehr beliebt

Verstehen

Das Gedicht sauber gereimt
Sorgfältig gewählte Worte
Ästhetisch jede Zeile
Du liest es mit großem Interesse
Fragst dich was der Dichter meint
Dir erschließt sich nicht der Sinn
Worte einzeln wohl verständlich
Redewendungen unbekannt
Hermetisch scheint das Geschriebene
Gesichert hinter dicken Mauern
Und Toren mit sieben Schlössern
Du legst es weg
Mit tiefstem Bedauern

Falten zeichnen mein Gesicht
Schütteres Haar schlohweiß
Halte in Händen das Gedicht
Das ich verflucht vor Zeiten
Ich sehe lese und verstehe
Kein wieso kein warum -
War wohl doch nicht dumm

Was heißt dichten

Hunderte neuer Gedichte
Sind hunderte Geschichten
Große und kleine
Bissige oder ganz feine
Wieder und wieder Thesen
Fragen nach Schein und Wesen
Was will Lesern ich sagen
Oder stelle einfach Fragen
Will Menschen ich belehren
Streng in meinem Sinn bekehren
Oder sanft zur Wahrheit führen
Zur Erkenntnis zeigen Türen
Der Mühen viele allemal
In manchen Nächten Höllenqual

Hunderte neuer Gedichte
Erzählen hunderte Geschichten

Verlust und Hoffnung

Verlust der Kultur
Und nationaler Identität
Der eigenen Muttersprache
Meist *unwiederbringlich*
Schritt für Schritt
Wort für Wort
Tag für Tag
Erbarmungslos
Rücksichtslos

Wie das ändern
Wie stoppen das Verhängnis
Wie zurück gewinnen
Was Blindheit zerstört

Musst einfach tapfer sein
Musst als Vorbild dich erweisen
Benutze was du erlernt
Und was dir heilig

Bleib konsequent dir treu
Beim sprechen und schreiben
Schritt für Schritt
Wort für Wort
Tag für Tag
Wächst das Pflänzchen neu
Kulturelle Wunden heilen

Was du ererbt

Dein Erbe früherer Tage
Bist du groß oder klein
Hässlich oder fein
Nimm es hin
Sollst stolz es tragen
Nehmen als Gewinn

Abends vor dem Haus
Der Familie Gesang
Über das Dorf hinaus
Tönt wunderschöner Klang
Deine Stimme engelsgleich
Wie Sirenen im Zauberreich

Verse deiner Ahnen
Allseits berühmt bekannt
Jedes Wort ist Melodie
Jedes Gedicht eine Sinfonie
Nimm auf den Faden
Folge alten neuen Pfaden

Du trägst in beiden Händen
Was Eltern dir zugedacht
Sollst dich zum Guten wenden
Und die Seele reicher macht
Was dein Sinn dir raten sollte
Den Menschen tu zur Freude

Hoffnungslos gefangen

Von der Musik gefangen
Lehn ich mich zurück
Lass mich einfach fallen
Meine Seele höchst verzückt

Scheinbar simple Melodie
Die mich verzaubert
Erlesene Harmonie
Wiege mich im Traum

Wer kann ihrer sich erwehren
Den Gefühlen widerstehen
Wer kann sich verschließen
Klängen durch die Lüfte fliegen

Ich bin Bauer Müller Schmied
Fischer Köhler Jägersmann
Singe wann ich immer kann
Tag für Tag mein Lieblingslied

Warum Gedichte

Warum Gedichte schreiben
Wozu diese unsägliche Mühe
Ließest du es lieber bleiben
Die Welt die gleiche bliebe

Die Familie macht sich Sorgen
Jede Zeile strengt dich an
Sitzest manche Nach bis morgens
Dein Werk dies Opfer abverlangt

Schüler werden dich hassen
Die Gedichte sollen lernen
Den Inhalt aber nicht erfassen
Nicht verstehen die Metaphern

Manchmal hab ich selber Zweifel
Hat mein Streben wirklich Sinn
Doch ich schreibe einfach weiter
Denn auf Verse ich besessen bin

Am Horizont ein Hoffnungsschimmer
Für Lesung ein Termin ist nah
Erwartungsfrohe Minen wie immer
Und der liebevolle Applaus

Ich liebe dieses Spiel
Mit der Vielfalt der Worte Sinn
Zwischen Spannung und Gefühl
Und frage wo führt es hin

Ich liebe die Sprache meiner Mutter
Wie Salz und Butter

Kunst oder keine

Ich mag Kunst doch nicht solche
Die nicht verstanden werden will
Und nicht den Stuss
Den man erklären muss
Ich mag Kunst jener Art
Die stets die Wahrheit sagt
Manchmal warm und still
Manchmal laut und schrill
Soll vor Freude klingen
Allen Weisheit bringen
Die Menschen einen
Wie es kommt
Auch schluchzen weinen

Am Olymp

Der Dichter große Meister
Ihr macht mir keine Bange
Ich liebe eure klare Sprache
Und eurer Verse schönen Klang

Besonderer Witz und Charme
Haben es mir angetan
Euch nachzueifern tut gut
Gibt zum selber schreiben Mut

Auf den hohen Gipfeln sitzend
Habt den Aufstieg ihr geschafft
Und ich ganz unten schwitzend
Klopfe Steine Tag und Nacht

Eine Treppe bauen hoch und steil
Der Weg nach oben ist noch weit
Die Ermüdung fürcht ich nicht
Schreibe weiter Gedichte Gedichte

Wundersame Dichtung

Buchstaben viele Buchstaben
Und Laute - große Worte
Phrasen wollen etwas sagen
Gedanken mit Humor und Sinn
Hie und da ein Fünkchen Wahrheit drin
Mit und ohne süße Reime
Wie bis zum Rand gefüllter Pokal
So wandert das Gedicht
Von Mund zu Mund
Tut Wahrheit und Schwindel kund
Genuss vereint mit Heiterkeit
Verdruss erregt bald Übelkeit
Einen macht es bas betroffen
Den anderen ganz und gar besoffen
Und was nicht getrunken
Das ist einfach schal

Kreative Stille

Brüllende hupende Ungeduld
Quietschende Bremsen lauter Knall
Pflaster mit den Zähnen klappert
Irgendwo peitschen Schüsse
Straßenbahnen kreischen klingeln
Fühle mich vom Lärm umzingelt
Gedanken wie sollen sie gedeihen
Wie den Menschen Verse schreiben

Ach wie liebe ich die Stille
Die Himmlische in meinem Tal
Freundlichkeit zu schenken
Gewürzt mit einer Prise
Meines Humors dem Süßen
Nachbarn die wie ich denken
Die hilfsbereit und offen sind
Geben ein doppelt Maß vom Glück
Mit Lachen dankbar mir zurück

Kleine Kammer

Die kleine Kammer wie ich sie liebe
Musik zu hören Bücher lesen
Meine Werkstatt und meine Schmiede
Der rechte Platz für neue Verse

Keiner soll mein Alleinsein stören
Wenn mich die Arbeit treibt
Und mich drängt die Zeit
Wenn tausend Gedanken harren
Puzzle Teile eines großen Plans
Gut sortiert und eng gefügt
Zu einem großen Ganzen werden
Das Werk meinem Anspruch genügt
Allein Kinder dürfen mich betören
Zeigen was sie bauen schreiben malen
Und mich nach meinem Urteil fragen
Verlassen mich mit Wangen rot
Denn ich gebe sehr viel Lob
Ich wünschte dass mein Publikum
Neugierig mit kritischem Verstand
Lese und bewerte alle meine Verse
Und ein gerechtes Urteil gebe.

Die kleine Kammer die ich so liebe
Ort vieler Bücher guter Musik
Und mein Computer der gute Freund
Der mir hilft wenn sich Arbeit häuft

Dichters Freund

Ich möchte deine Füße küssen
Leider kenne ich dich nicht
Doch würde ich gerne wissen
Was du erwartest vom Gedicht
Ich weiß dass du nicht magst
Ewige seelenlose Faselei
Den substanzlosen Quark
über Primat von Huhn oder Ei
Speichel lecken von Tyrannen
Tendenziöse Hymnen singen
Keinen Kehricht und kein Schund
Und keine Plattitüden

Dein Interesse breit gefächert
Magst Heimat und Natur
Gehst wandern und auch klettern
Liebst Tiere Wald und Flur
Gefühl und Liebe niemals fremd
Geist und Schönheit ziehn dich an
Jeden Dichter achtest
Der Schandtat Schandtat nennt
Hast Klassiker gern gelesen
Bürger Schiller Goethe und Romantik
Fundamente deines Wesens

Alles muss exakt sich reimen
Hat man lange Zeit geglaubt
Dass ich vehement verneine
Was nicht mehr zum Dichten taugt
Vielfalt ist Maßstab heut

Gesellschaft schillernd bunt
Veränderungen kosmisch schnell
Dichtung muss alldem folgen
Wenn Leser sie verstehen sollen

Kleines Lied

Ein Wort
Ein Gedanke
Dann ein Gedicht
Und eine zarte Melodie
Deine Erscheinung ist es
Dein ausgewogener Schritt
Ein Lächeln um deine Lippen
In deinen Augen eitle Freude
Dank dir für dein kleines Lied

Honig für die Seele

Was erfreut mich heute
Was erheitert mein Gemüt
Widerfährt mir etwas Gutes
Werden wahr meine Träume

Eines weiß ich ganz bestimmt
Optimismus stimmt mich froh
Gehe lächelnd in den Tag
Was er mir auch bieten mag
Am liebsten in die Galerie
Moderne Gemälde anzusehen
Wie Malers grandiose Ideen
Vielfalt von Form und Farbe
Als Kunst Gestalt annehmen
Schloss und Park lass nie aus
Natur mit Renaissance vereint
Gärtners Taten sind genial
Abends hin zum Konzert
Barock Klassik und modern
Morgen wird es regnen
Ganz viel Zeit zu lesen
Einen Roman oder Gedichte
Neu aus bisher unbekannter Hand
Spannung ist schon riesig
Jegliche Kunst mein Plaisier
Wie goldener Honig an mir klebt
Begleitet mich durchs ganze Leben
Mein Gewand und meine Seele

Geht still der Tag zu Ende
Reicht mir Kunst die Hände
Gleite sanft in tiefen Schlaf
Muse klingt im Traum nach

Vollkommen

Meine Freiheit
Deine Freiheit
Nimmst du dir deine
Verlier ich meine
Einsicht nur alleine
Fügt das Yin zum Yang

Kälte und Poesie

Schneeflocken wirbeln rings umher
Eisiger Wind heißt Bäume wanken
Eis in Villen und Katen
Der Liebe und Zuneigung bar
Eisblumen nach oben streben
Zum Licht wie meine Gedanken

Schwere Geburt

Höllenqualen für graue Zellen
Was tu ich mir an
Neue Verse sollen gelingen
Poesie aus meiner Hand

Was sollte unbedingt ich schreiben
Und worüber besser schweigen
Menschliche Schwächen einfach fade
Vertane Zeit ist mir zu schade
Wovon Zeitungen permanent berichten
Politik Sport und Promi-Geschichten
Sollen mir gestohlen bleiben
Der Schreibtisch bleibt verwaist
Ich gehe hinaus ins bunte Treiben
Begegne Menschen jungen und alten
Hie und da mal inne halten
Manche reden und andere fragen
Habe für alle offene Ohren
Als geduldiger Zuhörer erkoren
Aufgetankt nach Hause schreiten
Neue Verse aufzuschreiben

Höllenqualen für graue Zellen
Sind passé und obsolet
Weil dichten so vonstatten geht
Mal langsam und mal schneller

Unschuld

Wirre Botschaften wirre Zeit
Schwer sein Inneres zu finden
Trauer und Schmerz zu überwinden
Schweigen gebiert neues leid

Viel Arbeit kennt mein Leben
Für Geist und Körper Last
Zum Glück bringt Arbeit Spaß
Menschen Entspannung und Freude
Ideen und Gedanken ordnen
Worte finden Verse formen
Schönheit Zauber der Poesie
Geboren aus reiner Fantasie
Vieles was man Kindern gibt
Nahrung Kleidung innige Liebe
Kreatives Leben stets begehrt
Vieles mehr ward mir gewährt

Menschen mich oft beneiden
Ich bin nicht schuld daran
Muss einfach ständig schreiben
Ein ganzes Leben lang

Wunder Poesie

Bittere Tränen fließen
Gefühl wie große Not
Nirgends Hilfe finden
Niemand spendet Trost

Gedenke deiner Kindheit
Wenn etwas dir weh getan
Weinend auf Mutters Arm
Verse beendeten das Leid

Gedichte sind Medizin
Labsal für Geist und Seele
Und wenn ich traurig bin
Verse mein Gemüt beleben

Dichter und Philosophen
Uns auf weise Art beschenken
Wollen ehrend ihrer gedenken
Schönheit des Wissens feiern

Gute Saat

Das Land ist öde
Trockenheit nur Staub
Ringsum verdorre Bäume
Verloren alles Laub
Und in dem öden Land
Menschen Tiere darben
Deren viele starben

Menschen wollen bestellen
Und sorgsam pflegen
In Gärten und auf Feldern
Gemüse Obst Früchte
Dazu Parks schattige Wälder
Aus trockenen Brunnen Wasser
Wird das Leben spenden

Sie tun es nicht
Mit Hacke und Spaten
Allein mit Kunst und Liebe
Soll das Werk geraten
Beginnen mit schönsten Liedern
Verse spricht ein Dichter
Mittendrin einer weiser Alter
Von früher erzählt Geschichten

Da grünt und blüht das Tal
In allen Farben rings umher
Das öde Land gibts nicht mehr
Unterm weiten Himmelszelt
Hoffnung und Zuversicht
errichten die *Wunder der Welt*

Gedicht ohne Pointe

Ein Gedicht aus dem Alltag
Ohne besondere Bedeutung
Es fiel mir so ein
Gleich am frühen Morgen

Ohne Pointe ohne Witz
Kam mir ein wie ein Blitz
Den Stift in meiner Hand
Da - auf dem Papier es stand

Wer kann sie verstehen
Wege die Gedanken nehmen
Muss es einfach akzeptieren
Gefühle mein Hände führen

Mein Rezept

Täglich fragen Freunde
Nach meiner Gedanken Quelle
Woher kommen deine Träume
Wie entstehen Ideen
Meng auf Menge

Ideen kommen über Nacht
Wenn der gute Mond
meinen Schlaf bewacht
Und Sterne hoch droben
Ihre Netze werfen
Gedanken die dort fliegen
Wie Fische bergen
Aus dem Wasser ziehen
Ich kann sie sehen
Schmecken fühlen
Mit ausgestreckten Armen
Beim Schopfe greifen
Meine lieben Ahnen
Lehrten mich das Reimen

Meine Bitte nicht verraten
Geheim ist mein Rezept
Und wenn die Leute fragen
Ihr habts vergessen
Einfach weg

Beste Freunde

Täglich grübelnd vor Regalen
Was wäre ich ohne diese Bücher
Ohne Philosophen ohne Dichter
Ohne die moderne Wissenschaft

Das pure Nichts wäre ich
Und an dem Nichts wär wenig dran
Könnt schreiben kein einzig Gedicht
Kein Essay kein Epos keinen Roman

All die Großen sind Vorbild mir
Auch Holzfäller Marktfrau Barbier
Von ihnen allen muss ich lernen
Von altem und neuem nicht entfernen

Oft versink ich in der Stille
Schließe Fenster und die Türe
Inmitten der Bücher und Notizen
Lasse mich von gar nichts stören

Die hohe Zeit der Selbstkritik
Lasse dabei gar nichts aus
Wie Bescheidenheit und Empathie
Bis ich mit mir im Reinen bin

Wache ich dann endlich auf
Aus Entspannung und Meditation
Schaffe ohne Grübeln oder Zweifel
Mit guten Freunden an der Seite

Verse schreiben

Wenn ein Dichter redet
sagt er mehr als er spricht
Denkt an alle und jeden
Niemanden schnöde vergisst

Was Menschen je berührt
Sagen alte Geschichten
Und was Gedanken beflügelt
Wird zu Versen und Gedichten

Menschen brauchen ihr *zu Hause*
Brauchen was dauerhaft von Wert
Bleibendes und Gutes schaffen
Sorgsam bewahren und vererben

Sie suchen stets nach Hoffnung
Die viele Leute suchen in Gott
Hoffnung sich im Schönen findet
Geschaffen mit Händen und Wissen

Geschichten aus vergangener Zeit
Mitgebracht aus fernen Ländern
Bereichern Denken und Geist
Berühren und erwärmen Herzen

Zeit für Tee

Oft steht mir der Sinn
Einen Tee zu nehmen
Und immer gern mit dir
Über Schein und Sein zu reden

Nützlich die Schale Tee
Wohl temperiert und klar
Ohne Zucker ohne Sahne
Klare Gedanken und Ideen
Besondere Art zu meditieren
Wenig Worte produktive Stille
Weckt ungehemmte Phantasie
Phasen großer Schöpferkraft
Die potente Geister schafft
Solche die zerstören
Dörfer Städte und Länder
Andere die Großes bauen
Bewässern Wüsten und Steppen
Schaffen schöne Auen
Feuer speiende Drachen
Wandeln zu stolzen Pfauen
Und lustige kleine Wesen
Die Menschen Freude machen
Werke die so entstanden
füllen Köpfe und Regale
Romane Balladen und Gedichte
Liebevolle kleine Geschichten

Viel Tee über viele Jahre
Haare dünn und schlohweiß
Erleuchtete denken weiter
Mögen keinen Müßiggang

Schnippchen

Buchhändler ich als Leute kannte
Die Geschäft mit Kunst verbanden
Berieten Käufer junge und alte
Und wenn das Richtige gefunden
Zufrieden ging heim der Kunde
Im Auge $-Zeichen
Bestseller im Regal
Manchem Verkäufer ist Kunst egal
Kundenzufriedenheit all zumal

Schlage ein Schnippchen dem Kommerz
Wende mich zum Publikum
Das liebt das gute Buch
Besonders Gedichte mit ganzem Herz
Von Gedicht zu Gedicht
Die Spannung steigt
Fragen und Antworten
Ich nehme mir Zeit
Angesprochen Gefühl und Verstand
Zolle Ahnen und Lehrern Dank

Wunderland der Poesie

Aus altem Land ein altes Lied
Wo das Wasser rar und knisternde Dürre
Auch große schöne Gärten gibt es hier
Schattenplätze Blütenpracht üppiges Grün

Arbeit ist schwer und wenig Lohn
Schier unerträglich ist die Frohn
Viel Ungemach und wenig Brot
Armut herrscht und bittere Not
Sie wollen frei sein und keine Knechte
Fluchen dem Schleier und fordern Rechte
Menschen essen Feigen und Datteln
Und backen aus Maismehl Fladen
Sie ehren ihre alten Dichter
Und singen im Chor
Und flüstern ihren Kindern
Verse ins Ohr
So wahren sie die Tradition
Von Generation zu Generation
Geben sie weiter Verse und Lieder
In tausend Jahren erschallen sie wieder
Wenn die Sonne sinkt am Abend
Erzählt man Märchen aus *1001 Nacht*

Aus altem Land ein neues Lied
Sie lassen die Hoffnung nicht fahren
Und sollte es dauern viele Jahre
Menschen aus *Wunderland der Poesie*

Poesie ist Wein

Den Kelch führe zum Mund
Pokal voll Poesie und süßer Melodien
Und leere ihn bis zum Grund
Poesie berührt Geist und Sinne
Ist sonnenklar und rein
Berauscht und stimmt fröhlich
Beschwingt wie guter Wein

Worte und Verse entspringen
Dem kulturellem Kern
Unserer Mütter Sprache
Und die Sprache selbst gewinnt
An Wärme und an Klang
Einen Festtag der Poesie feiern
Ein Tag der erinnert und mahnt
Ach könnte es doch *immer* sein
Dass uns Verse begleiten alle Tage
Poesie ist Wein
Trocken besonders geliebt
Und Dessert schwer und süß
Für Kenner meist edel und fein
Vereint Schönheit und Genuss
Jedes Wort ist ein Kuss

Poesie ist für Vieles gut
Ermuntert tröstet und unterhält
Gibt Zuversicht und Hoffnung
Spendet Licht in dunkler Zeit
Täglich ein Gedicht zu lesen
Hilft Kummer und Gram genesen

Wohltat

Ich suche Worte und forme Verse
Und meine Verse formen mich
Doch bevor Worte Verse werden
Zeichnen Zweifel Mühen mein Gesicht

Was will ich sagen
Was darf ich wagen
Nein ich will nicht klagen
Erzeugen niemals Langeweile
Sinn habe jede einzelne Zeile
Ich möchte der Liebe alle Ehre geben
Und Liebenden nie zu nahe treten
Alte und junge gerne lachen
So will ich gute Späße machen
Gebe Raum für manche Träne ...

Poesie soll immer Wohltat sein
Soll den Menschen manches geben
Soll Hilfe sein im ganzen Leben
So will ich gerne Dichter sein

Quell der Poesie

Zugleich in zwei Welten leben
Wohltuend tätig nicht gespalten
Empfindungen in der einen Welt
Wissen und Geist in der anderen

Ich nenne dies ein großes Glück
Fest zu stehen auf zwei Beinen
Aus beiden Welten Liebe quillt
Heißes Begehren für Poesie

Poesie wächst aus großen Gefühlen
Nimmt daraus Schönheit und Farbe
Geistes Welt enstspringen Gedanken
Die Suchende zum Lichte führen

Was die Stille erzählt

Die Stille schweigt nicht
Ist nicht stumm
Sie kennt die schönsten Geschichten
Ich frage nicht warum
Allein wer die Stille liebt
Wird reich von ihr belohnt
Es ist die Weisheit des Absurden
Die sich den Weisen offenbart

Schmetterlinge der Poesie

Poesie der Balsam des Lebens
Keine Arzt der sie verschreibt
Kein Apotheker sie vertreibt
Beste Medizin für die Seele

Schmetterlinge sind Gedanken
Keine Fesseln keine Schranken
Und wo es grünt und blüht
Man viele Schmetterlinge findet

Blätter wispern Bodennebel
Rot wird das Himmelszelt
Tausend kleine Flügel heben
Die Goldene Sonne in die Welt

Pfeffer im Hintern
Unsinn im Sinn
Im Herzen Glut
Poesie im Blut

Fliege Vogel fliege
Schenke mir eine Feder
Deine Freiheit deine Liebe
Fließen in meine Verse

Ich liebe diese Zeit
Schenkt meinen Sinnen Licht
Und täglich ein Gedicht
Ich danke dir du wilde Zeit

Großer Strauß von Rosen
Roter Mund der zuckersüße
Blaue Augen flehen bitten
Zeit für zärtliche Küsse

Kleiner roter Käfer
Sitzt auf einem Rosenblatt
Frisst genüsslich grüne Läuse
Und wird hoffentlich nie satt

Verliebt in rote Haare
Küss ich süße Lippen
Heiß lieben viele Jahre
Und sind allzeit glücklich

Die Biene gerne nascht
Der Blüten süßen Saft
Ich finde es entzückend
Naschen an deiner Lippen

So mancher glaubt an Gott
Ich glaube an die Liebe
Die lebt immer in uns fort
Wie all die süßen Triebe

Täglich frage ich warum
Ist die Banane krumm
Doch bin ich mir sicher
Bananen köstlich schmecken

Kaleidoskop des Geistes

Zusammensein in froher Runde
Lieber Freunde mit wachem Geist
Alles Liebhaber hoher Künste
Sinnen und schaffen jederzeit

In den Freunden brennt ein Feuer
Wollen zeigen was sie schaffen
Und für Kritik und Hinweis danken
Ideen teilen und Geistesgaben

Kunst ist der Spiegel des Lebens
Wie ein Brennglas alles erkennt
Alles Gute vom Übel trennt
Und lehrt uns die Welt verstehen

Als Kristall fühl ich mich hier
Im Verein mit bunten Edelsteinen
Welchen allen Kunst ein Pläsier
Im Kaleidoskop kreativer Geister

Ich suche sie

Die liebste Freundin ging verloren
Einfach weg
Als sei sie gar nicht geboren
Sie ist weg
Ich suche überall
Wo ihr liebster Aufenthalt
Auf dem Land
Da sie in jedem Haus bekannt
In der Stadt
Dem Meer aus Stein und Glas
Sie Kaffee trank am Boulevard
Ich suche in Buchhnndel und Bibliotheken
Suche in Kisten und Regalen
Keine Spur und keine Signale

Ich finde sie im kleinsten Lokale
Umringt von fröhlichen Leuten
Sie singen und rezitieren
Die Freundin mit dem schönen Namen
Poesie

Genuss am Denken

Mondlicht schaut in mein Fenster
Hell erleuchtet meine Kammer
Liege da in meinem Jammer
Vollmond meinen Nachtschlaf raubt

Dank an das Leben

Danke für trockene warme Windeln
Und jeden Löffel Brei
Für jeden Nasenstüber wenn ich Unsinn trieb
Und jedes Pflaster wenn ich stolperte über Stock und
Stein
Danke für jedes gute Buch und an jeden
Der mich etwas Nützliches lehrte
Danke für Scherz und Aufmunterung wenn ich traurig
war
Für jeden guten Rat wenn ich dessen bedurfte
Für Trost und Hilfe in unglücklichen Zeiten
Danke für jeden Kuss und jede Liebesnacht
Für die Gesundheit und das Glück der Kinder
Und die Fähigkeit mit euch zu lachen und zu weinen
Danke für die Gnade eines Lebens in Frieden
Und friedlicher sicherer Arbeit
Danke für ein ereignisreiches Leben und jeden Tag
Den ich unter euch weilen kann

Wie leben

Beweglich bleibt
Wer sich bewegt
Gesunder Geist gedeiht
Wo freie Geister leben
Liebe empfängt
Wer Liebe schenkt

Leben im Zorn

Dein Anblick macht mir Sorgen
Mir scheint du lebst im Zorn
Das beginnt schon früh am Morgen
Bis Abends und andern Tags von vorn

So trau ich mich zu fragen
Was die Tage dir vergällt
Was dir so schwer liegt im Magen
Zum Guten den Blick verstellt

Dein dauerhaftes Grübeln
Das Kleben an dem Üblen
Legt dein Nerven blank
Und macht dich furchtbar krank

Ich würde dir gern helfen
Dir neue Wege zeigen
Freude gießen in dein Leben
Um deine Sicht zu weiten

Gute Bücher musst du lesen
Freunde dich an mit der Natur
Mit guten Freunden wandern gehen
Genieße Kunst die Freude pur

Besinnen

Täglich mahnen hundert Fragen
Reichen alle meine Taten
ist wirklich alles gut bedacht
Habe von Herzen ich gelacht
War ich bei Freunden zu Besuch
Und las ich ein gutes Buch
Tat ich ohne Absicht andern weh

Höre auf dich so zu quälen
Sinnlos den Puls der Zeit zu zählen
Schliess die Augen denke an Nichts
Die Zeit im Flug vergeht
Zum Schein dich nichts bewegt
Begib dich in absolute Stille
Lass dich einfach fallen
In ein tiefes weiches Nichts
Vergiss die Zeit die rasch vergeht

Erwache komm zum Tag zurück
Öffne die Augen und genieße
Das Licht im Herzen
Das Licht im Geist
Was ist mit dir geschehen
Sodann steigt Glücksgefühl herauf
Die Lösung ist gefunden
Der Weg ist frei
Zeit zum Handeln

Ihr guten Geister

Auf euch kommt es an
In das Dunkel tragt euer Licht
Zeigt Verirrten den rechten Weg
Und ein Ziel den Suchenden
Spendet den Traurigen Trost
Gebt Ermüdeten Kraft und Ruhe
Den Einsamen Rat und Hilfe
Verfolgten ein sicheres Asyl
Heimatlosen ein *Zu Hause*
Erleuchtung den Unwissenden
Nehmt euch derer an
Die nicht wissen was sie tun
Weise ist wer Weisheit
Spenden kann

Chance verpasst

Die Büchse der Pandora
Noch ist sie verschlossen
Solange das Böse machtlos ist
Bald schon ist sie offen
Und alles Übel regnet
Über alle und jeden
Auch alle die sie wählten
Zu spät so will ich meinen
Wie oft in der Geschichte
Das Gute zu vereinen
Es sei denn dass Einsicht
Die Oberhand gewänne

Keinen Bock

Jugend was soll ich denken
Was habt ihr im Sinn
Möchte euch Vertrauen schenken
Nehme Schlendrian niemals hin

Mathe büffeln Bücher wälzen
Darauf hatt ich niemals Bock
Arbeit schwitzen Schmutz an Händen
Werfe ich ganz weit fort
Auf dem Heimweg im Park
Orientierungslos und wankte stark
Beschwipst von Gin Bier und Wein
Eine Fee sprach mich an
Die blonde Schöne lud mich ein
Und kam auch gleich zur Sache
Sprach mich auf mein Lotterleben an
Du musst dein Leben gründlich ändern
Auf dass Gott dir helfe und ein Engel
Mit eisernem Willen selbst gestalten
Dass dein Leben einen Sinn erhalte
Wie ein Blitz traf mich die Mahnung
Wollte radikal mich ändern
Kraft und Geist nicht mehr verschwenden
Zu lang lag ich Eltern auf der Tasche
Klebte an Drogen und der Flasche
Schulde der Fee Dank und Respekt

Nicht viele haben so viel Glück
Hilfe zu erhalten und guten Rat
Und merke dass für jede gute Tat
Kommt gerechter Lohn zurück

Alles zur Zeit

Verlasse dein Bett
Wenn die Hähne krähen
Begib dich zur Ruhe
Wenn die Sonne unter geht

Schmiede das Eisen
So lange es glüht
Pflücke die Rose
So lange sie blüht

Voller Kelch in deiner Hand
Leere ihn bis zum Grund
Gib der Liebsten einen Kuss
Wenn dir lacht ihr roter Mund

Spirit

Der Zettel auf meinem Tisch
Ein kleines nettes Gedicht
Etwas klingt in meinem Ohr
Zarte Melodie von irgendwo

Konkurrierende Gefühle
Liebe und Abneigung
Zufriedenheit und Sorgen
Überfluss und Not
Beglückung und Enttäuschung
Eintracht und Verstimmung
Sie prägen mein Wesen
Geben Farbe meinem Leben
Bausteine meines Wissens
Fühle mich nicht allein
Unterscheide mich von allen
In vielem sind wir gleich
Gefühle sind wie Glaube
Bestimmen meine Eigenheit
Wie sie auch beschaffen seien
Ich stehe dafür ein

Es kommt mich an
Wunderbares Hochgefühl
Und kommt nicht zu spät
Meine Spiritualität

Wege zum Licht

Hoffnung heißt der Ort
Wo die Wanderung beginnt
Hören sehen verstehen immer fort
Mein Ziel Erkenntnis gewinnen

Wege kreuzen und verzweigen sich
Gehen nach hier oder nach dort
Immer muss entscheiden ich
Zu finden den ersehnten Hort

Unterschiedlich all die Wege
Der erste gerade bequem zu gehen
Der nächste mit Steinen zu Hauf
Der letzte steinigt steil bergauf

Ich lasse mich nicht täuschen
und mich zu nichts verlocken
Ich schlucke die harten Brocken
Werde geduldig Unbill verdauen

Habe den schwersten Weg genommen
Und den gerechten Lohn bekommen
Erkenntnis bedeutet mir sehr viel
Weisheit das noch ferne Ziel

Musst nicht einsam sein

Den Nachbarn grüße übern Gartenzaun
Im Fahrstuhl all die fremden Leute
Diese Freiheit nimm dir ab heute
Die einen stur und andere staunend

Täglich musst du es wiederholen
Vergiss dein gewohntes Lächeln nicht
Manche werden sich daran gewöhnen
Du siehst es deutlich am Gesicht

Gleichgesinnte werden reagieren
Für deinen Gruß freundlich danken
So heißt es wenn Grüße man erwidert
Durchbricht gesellschaftliche Schranken

Zum ersten Gespräch kommt es bald
Gelöst zu sprechen über dies und das
Aus Gewohnheit gerne täglich
Ab sofort ist Einsamkeit Geschichte

Heilende Poesie

Krank am ganzen Körper
Über viele Jahre schon
Gefühl und Geist ebenso
Wie soll ich damit leben

Therapien und Medikamente
Der Doktor mir verschreibt
Nur Zweifel bleibt am Ende
Weil die Krankheit bleibt

Ganz fürchterliche Dämonen
Spuken in meinem Kopf
Aber Pillen und Skalpell
Wollen mir nicht helfen

Nun bin ich auf der Suche
Nach Zuspruch und Empathie
Und greif nach einem Buche
Voller wunderbarer Poesie

Vorn bis hinten schöne Verse
Mit Ruhe und Besinnlichkeit
Und Dämonen besänftigt werden
Für Stunden der Fröhlichkeit

Poesie ist geistige Medizin
Kein Arzt der sie verschreibt
Kein Apotheker sie vertreibt
Nur ein Dichter sie mir gibt

Entscheiden

Im Gartenlokal ein Gast
Mit Durst und Appetit
Der Kellner bringt ein Bier
Und bietet Speisen an
Bockwurst ist im Angebot
Zur Abwechslung zwei Sorten
Der Gast wird blass
Und räuspert sich
Er kann sich nicht entscheiden
Der Kellner kurz entschlossen
Bringt ihm alle zweie
Bei Lokalschluss doch
Sitzt er immer noch
Kopf gesenkt Augen starr
Vor ihm die Würste - beide
Er konnt sich nicht entscheiden

Zur Gemeindewahl gehts ebenso
Zehn Kandidaten angetreten
Einer nur kann Schulze werden
Jeder wähnt sich als der beste
Doch sieht man jedem an:
Nur Vorteil will der Mann
Wie sollen Wähler entscheiden
Wenn alle Kandidaten
Gleichsam miserabel

Bei allem was zu entscheiden
Land ab und Land auf
Nimmt Eselei den bekannten Lauf

Irrtum und wissen

Irtum gibt es allerorten
Und zu allen Zeiten
Irrtum ist allzu menschlich

Es sind die großen Worte
Brusttöne der Überzeugung
Die meine Zweifel wecken

Seines Wissens sicher sein
Kann niemand auf der Welt
Den seit Sokrtes Lehren
Ist ganz alleine sicher
Dass wir *niemals alles* wissen

Was du weißt
wirst du *erst* wissen
Wenn du es weißt

Du enscheidest

Immer musst du entscheiden
Sofort und ohne Frage
Und musst darunter leiden
Hast einfach keine Wahl
Du hast Mut und großes Wissen
Und Vertrauen in dich selbst

Du kennst die Fragen
Die Antworten auch
Und plagen dich auch Zweifel
Gute Freunde stehen dir bei
Dein Beschluss ist nun klar
Dein Urteil mit Hammerschlag

Mund aufmachen

Heiße Brühe gegen Kälte
Heiße Worte gegen Schelte
Heiße Küsse für den Schatz
Alles andere für die Katz

Angstträume

Dumpfe Gefühle seit Wochen
Ahnung macht sich breit
Grenzenloser Hass am Kochen
Feinde stehn zum Krieg bereit

Scharrten lang schon mit Hufen
Enger Zirkel des Tyrannen
Die zum Kriege aufgerufen
Zweifelhaften Ruhm zu erlangen

Es verlangt mich zu erfahren
Setzt sich alles Unheil fort
Profitieren von Raub und Mord
Oder Völker endlich Frieden haben

Angesichts der vielen Leiden
Achtet auf ewiger Krieger Treiben
gib dem Verbrechen einen Namen
Und dem Frieden eine Chance

Mammon

Euro Euro wandere
Frage nicht warum
Freudig von Hand zu Hand
Kennst nicht Rast noch Ruh

Tanze Euro Tarantella
Nach Hexen Art und Furien
Rotiere auf Casinos Teller
Mal gewonnen meist verloren

Fliege Euro wie die Taube
Strebend nach ihrem Schwarm
Geselle dich zum großen Haufen
Und selten zu den Armen

Springe Euro über Kontinente
In weit entfernte Länder
Wo man wenig Steuern zahlt
Geld dem eignen Lande fehlt

Euro du musst standhaft sein
Nicht steigen und nicht fallen
Unsere Welt braucht Stetigkeit
Will fleißig Werte schaffen

Sorge eines Politikers

Rede und Antwort will ich stehen
Im Fernsehen wird es gezeigt
Alle sollen mich sehen
Auf Wahlen stehen die Zeichen

Aussicht auf guten Posten
Und Gehaltlich gut gestellt
Dazu lukrative Nebenjobs
Die man besser nicht erwähnt

Der Menschen Los ist schnuppe
Was gehn mich fremde Sorgen an
Und versalzt mir wer die Suppe
Mein Anwalt hilft mir dann

Wahrheit will ich verschweigen
Wie kann ich glaubhaft lügen
Das war mir immer eigen
Und muss das nicht mehr üben

Mit der Zeit hab ich Routine
Es macht mir nichts mehr aus
Verleumde mit freundlicher Miene
Und ziehe großen Nutzen draus

Michels Fragen

Gewaltig ist der Staat
Allseits gut gestellt und stark
Straßenzüge Gebäude um Gebäude
Teils historisch und mondän
Teils super hochmodern
Parlamentarier fast schon tausend
Und Lobbyisten zehn mal mehr
Dazu an Fünfzehn Minister
Und noch mehr Staatssekretäre
Mitarbeitende hasten hin und her
Tief beeindruckt die Bürgerschaft
Die fängt sogleich zu grübeln an
Stellt Fragen über Fragen
Schreit heraus erschütternde Klagen
Zwischen Arm und Reich die Kluft
Inflation nimmt ihm die Luft
Nachsicht gegen reiche Steuersünder
Korruption im Amt nicht minder
Für Unternehmen Millionengeschenke
Armut bleibt mit leeren Händen
Großer Mangel in allen Branchen
Fachkräfte finden ohne Chance
Wir haben uns verkalkuliert
Sind einfach überdimensioniert
Reformen müssen dringend ran
Damit das Land gesunden kann
Bedenkenträger beständig fragen
Wer das alles soll bezahlen
Politik schaut einfach weg
Doch *im Land ist Geld wie Dreck*

Tränen leise fließen

Augen traurig blicken
Rühren meine Seele an
Sorgen dich bedrücken
Schlimmes tut man dir an

Tränen leise fließen
Spürbar dein Schmerz
Wer gibt Trost dem Herz
Spendet Wärme und Liebe

Über Nacht böse Krieger
Kommen mit Hass und Wut
Bomben alle Häuser nieder
Heimat in Asche und Glut

Leute die ihr schuldlos wart
Mütter Väter Onkel Tanten
Die liebsten Anverwandten
Im Massengrab verscharrt

Tränen leise fließen
Für Einsicht ist höchste Zeit
Zu beenden jegliches Leid
Alle Völker brauchen Frieden

Elgersburg

Die Rici ihre Mutter fragt
Wo nur ist mein lieber Vater
Mutter spricht mit Tränen bitter
Im *Roten Ochsen* hinter Gitter

Hebammen und Kräuterfrauen
Die gern allen Menschen halfen
Geschändet und hingeschlachtet
Bauern die der Unbill trotzen
Abgaben Fron nicht leisten wollen
Kaisers Söldner niemand schonen
Christen die brav beten
Und jetzt Luthers Bibel lesen
Ohne Gnade massenhaft gehenkt
Dichter schreiben neue Verse
Bürger und Despoten aufzuklären
Verderben in Festung oder Kerker
Demokratie bei Fürsten unbeliebt
Und wer es wagt und protestiert
Stirbt im Hagel der Kartätschen
Einfache Menschen nicht gefragt
Willst du Krieg oder Frieden
Und müssen alle Folgen tragen
Hungern oder im Grabe liegen
Am allermeisten leiden Kinder

In Elgersburg endlich angekommen
Wird Rici in der Arm genommen
Warmes Essen nach langer Hungerszeit
Kinder zu fröhlichem Spiel bereit

Was tun

Wie viel will ich tragen
Um die Welt zu bessern
Die Hungernden zu laben
Die lange nichts gegessen

Aus den Fugen gerät die Welt
Menschenrechte Klimaschutz
Abkommen überdies und das
Geld- Machtgier infrage stellt

Hier und da Krieg anzetteln
Als wäre wirklich nichts dabei
Menschen sterben müssen betteln
Wer macht die Welt vom Bösen frei

Ich fürchte keine schweren Lasten
Keinen heißen Meinungsstreit
Die sich nicht belehren lassen
Kriegen Feuer höllisch heiß

Was kann tun der Verse schreibt
Ohne Panzer Jet und schwere Waffen
Muss sammeln bewerten Klarheit schaffen
Damit die Welt eine menschliche sei

Wiedergeboren

Inkarnation mitnichten
Nein ich bin nur erwacht
Aus der Welt irrer Geschichten
Wo Geld die Hölle schafft

Gold und Geld ein bloßes Trugbild
Glemmer und Glitzer billiger Tand
Jeder Kerzenschein ein Irrlicht
Menschlichkeit ganz ohne Chance

Seelenarmut ist weit verbreitet
Reichtum noch mehr verleitet
Wer ihn schafft ist keine Frage
Geburtsrecht nach Mammon zu jagen

Die ganze Welt erleidet Schaden
Nicht mehr heil was gut gewesen
Als Bescheidenheit noch Tugend war
Der Hände Arbeit eine große Ehre

Scheucht fort die gefräßigen Geier
Die intriganten Karrieristen
Die betrügerischen Geldverleiher
Die alten und neuen Faschisten

Werdet wach die ihr noch hadert
Steht zusammen die man entzweit
Nehmt als Waffen Picke und Spaten
Und den Kopf und macht euch frei

Apokalyptische Reiter

Höllenlärm unerträglicher Gestank
Blitze Donner Sturmwind Hagelschlag
Hitze einer Feuerwalze Inferno gleich
Apokalyptische Reiter gehen Unheil voran

Mein Name *Habgier* ältestes aller Übel
Raube erpresse stehle und betrüge
Die bescheidenste Habe kassiere ich ein
Kein Schatz soll vor mir sicher sein

Ich bin der *Hass* faulende Höllensaat
Beschimpfe verleumde verwünsche bedrohe
Meine Seele Gift falsch und verlogen
Verdrehe Gut und Böse Tag für Tag

Ich bin faul *Dummheit* ist meine Stärke
Unberechenbar in Worten und in Taten
Meine Erfolge bedeuten immer Schaden
Damit nichts gut gerate gehe ich zu Werke

Ich bin der *Fanatismus* habe immer Recht
Wer anders betet anders denkt ist schlecht
Ideologie und Macht sind meine Natur
Vernichte Freiheit Bildung und Kultur

Das irdische Jammertal ist neu erstanden
Apokalyptische Reiter die ewige Plage
Eine bessere Welt sollen Menschen bauen
Schweißgebadet erwache ich aus meinem Traum

Arrogant frech dumm

Eleganter Mann und korrekter Scheitel
Im feinsten Zwirn mit Nadelstreifen
Ein Muss die kullerrunde Brille
Aus alter Tradition ein starker Wille

Man liebt nicht Güte keine Humanität
Und setzt Hass gegen Solidarität
Drei Worte *arrogant frech dumm*
Man dreht das Wort im Munde um
Unglaubliches einfach so erfunden
Dem Wähler werden Bären aufgebunden
Schlecht wird gut und gut wird schlecht
Die dümmste Rede ist gerade recht
Es kann nichts besseres passieren
Totales Chaos soll regieren
Verwirrspiel dient nur dem Zweck
Die verhasste Demokratie muss weg

Eleganter Mann und korrekter Scheitel
Im feinsten Zwirn mit Nadelstreifen
Man liebt die kullerrunde Brille
Dem Teufel jederzeit zu willen

Wut und Schmerz

Einen Tritt in den Arsch
Täglich vorbeugend einfach so
Langes Sitzen auf dem Klo
Oder leisesten Widerpart
Die Suppe leicht angebrannt
Verirrter Anruf unbekannt
Eine Kleinigkeit vergessen
Das gibt was auf die Fresse
Krawatte sitzt nicht korrekt
Schuhe beschmiert mit Dreck
Hast du etwas einzuwenden
Bekommst du Prügel ohne Ende
Und fängst du an zu heulen
Kommt dazu eine dicke Beule

Zur Hochzeit noch alles fein
Zu schön um wahr zu sein
Sind die Gäste aus dem Blick
Das Ungeheuer zeigt sein Gesicht
Alle Schwüre pure Heuchelei
Es folgt grausamste Tyrannei

Musst nicht leiden dieses Übel
Keinen Schimpf und keine Prügel
Suche Hilfe bei der Polizei
Vereine Freunde stehen dir bei

Tyrannentreue

Wenn du einen Tyrannen triffst
Achte auf dich trau ihm nicht
Mit seinen Tricks ist nicht spaßen
Will auf den Dienst dich fassen
Von da kommt keiner jemals los
Es sei denn durch den Tod

Mit Sonnenaufgang fängt es an
Alles bestimmt nur der Tyrann
Mit Pauken und Trompeten
Mit Tuba und mit Flöten
Zieht sein Tross durch Länder
Agieren Mörder und die Henker
Dörfer und Städte ausgeraubt
Zerstörtes nie mehr aufgebaut

Lakaien und Speichellecker
Gewissenlose Vollstrecker
Die mit Redensarten gefangen
Ihm auf den Leim gegangen
Sind schließlich selber Opfer
Unbarmherzig und brutal
Sind fraglos alle bar
Des Tyrannen Gnade

Atlantis oder Vineta

Schneller höher und weiter
Jagd nach Reichtum Ruhm und Ehre
Rücksichtslose brutale Reiter
Wenig Chancen sich zu wehren

Reichtümer zu schwer zu messen
Maßlose Forderung nach Gewinn
Und Verschwendungssucht der Reichen
Kriegstreiber gehen über Leichen
Millionen haben nichts zu essen
Hunger rafft Millionen hin
Ressourcen Moral Bildung schwinden
Häuser Äcker Wälder brennen
Wachsen Trockenheit und Hitze
Ganze Länder überschwemmt
Ganze Länder Inseln saufen ab
Unerschwinglich wird das Brot
Groß und größer wird die Not
Wer baut Zerstörtes wieder auf
Wer trägt Billionen Lasten
Denke nach dann weißt du es

Alles was entsteht
Ist wert
dass es zugrunde geht
Ist das schon der Untergang
Oder nutzen wir die Chancen

Wann ist Frieden

Tausende die ich frage
Niemand kann es mir sagen
Jeder gibt mir zu bedenken
Sollen erst andere sich bewegen
Frieden für alle und für jeden
Wird es vorerst nicht geben
Solange Profit die Welt regiert
Hass immer neuen Hass gebiert
Dürfen nicht auf Wunder warten
Jeder muss den Anfang machen
Fang ein jeder bei sich selber an
Wenn ein jeder auf der Erde
Alle Menschen liebt
Und von allen wird geliebt
Wenn der Egoismus ausgedient
Dann ist endlich Frieden

Stimme aus dem Grab

Tief im Wald verborgen
Krumm und morsch ein Birkenkreuz
Verstreute Reste eines Helmes
Gewalt und Tod bezeugen

Ein Krieg der kein Land verschont
Jahrzehnt mit Tod und Verderben
Von jeder Seite Unheil droht
Dörfer und Städte in Scherben
Als Soldaten ziehen in den Krieg
Millionen die doch friedlich waren
Hauen stechen morden schießen
Werfen Bomben brennen nieder
Handwerker Bauern Komödianten
Künstler und Debütanten
Bis dem Krieg die Luft ausgeht
Sieger gibt es nicht nur Verlierer
Und nur ganz wenige kehren wieder
Eine Stimme spricht mich an
Aus der Tiefe des Grabes
Höre der du guten Herzens bist
Und alle Menschen liebst
Vergib - ich lud Schuld auf mich
Dass ich endlich Frieden find
Den Grabhügel sorgsam pflegen
Steine als Begrenzung geben
Ein neues Kreuz errichten
Nehme ich als meine Pflichten

Ich gehe weg aus diesem Wald
Denke an nichts als Frieden
Und zolle dem Schicksal Dank
Dass wir das Leben lieben

Linke Spur

Die linke Spur gepachtet
Für meinen flotten Flitzer
Und meinen starken SUV
Mit viel Blech PS und Glitzer
Fahr ich schnell wie nie

Unverschämt ihr Sontagsfahrer
Mit Lieferwagen und Familien-Van
Mit Campinghänger und Caravan
Studenten-Ente und Oldtimer-Karre
Weg von meiner Piste - haut ab

Ganz wie früher in alter Zeit
Herrschen Egoismus Gleichgültigkeit
Machen Frust und Hass sich breit
Muss das bleiben für alle Zeiten
Wer gebietet Einhalt diesem Treiben

Keine Leute - Keine Leute

Keine Leute keine Leute
Diesen Spruch fast jeder kennt
Der leider gilt noch heute
Und ist nicht minder aktuell

Achtziger Jahre im *anderen* Land
In schwieriger Zeit der Spruch entstand
Es im Land an allem fehlte
Sich ohne Investitionen Wirtschaft quälte
Womit sich unser Spruch erklärt
Dass ohne Sprit kein Auto fährt
Die Situation fand bald ein Ende
Prosaisch genannt einfach *Wende*
In *diesem* Land gleiches Dilemma
En masse Investitionen Subventionen
Konjunkturlokomotive mit Volldampf
Weiter der Tanz der Illusionen
Um Maximalprofite geht der Kampf
Nur wenige sehen die Katastrophe
Fachkräftemangel heißt es jetzt
Nicht nur Pflege Schulen Polizei
Keine Branche die voll besetzt
Disproportionen - ein ganz faules Ei

Ob im *anderen* oder *diesem* Land
Zum Wirtschaftslenken gehört Verstand
Und *keine* der Parteien kann sagen
Dass am Dilemma sie keinen Anteil habe

Tage des Elends

Fahret hin
Ihr Tage ohne Freude
Frohen Sinnes
Wende ich mich zum Heute

Was ist mit den Menschen los
Unzufriedene wohin man schaut
Kaum jemand der hungern muss
Warum werden viele Leute laut
Manches im Lande nicht im Lot
Meistens was sich klären ließe
Anpacken nenne ich die Devise
Initiative macht uns alle groß
Schlimmes Hemmnis Bürokratie
Den Regierenden ins Stammbuch
Hemmnisse müssen endlich weg
Gebt uns allen die Kraft
Gebeugte wieder aufzurichten
Dass Vereine wieder wachsen
Lebendiges Gemeinwesen überall
Und alle Menschen wieder stolz
Auf unser Leben sind

Vergangen
Seien die Tage ohne Freude
Gemeinsinn
Macht das bessere Heute

Guter Wille

ich sage *weiß*
Und du sagst *schwarz*
Meine Meinung
Deine Meinung
Ist Widerspruch so schlimm
Hat Streit wirklich Sinn

All bekannt die Geschichte
Zweier Böcke auf schmalem Steg
Jeder schreit *Geh aus dem Weg*
So kommt was kommen muss
Beide sterben im reißenden Fluss

Warme Worte warme Stimme
Gütige Augen offener Blick
Gutes Herz und guter Wille
Offen die Tür für Frieden

Bäuerliche Sorge

Was mochte er denken
Der Bauer hinter dem Pflug
Trieb an seine Pferde
Hoffte die Ernte werde gut

Landmaschinen Traktoren
Die alle sich selber lenken
Aus modernem Geist geboren
Modernes Fortschrittsdenken
Gesellschaft in der Krise
Disproportionen überall
Klimawandel gefährdet alle
Aus Profitgier selbst gemacht
Die keiner wollte bremsen
Und keiner hat je nachgedacht
Krise erfordert Handeln
Der Staat braucht dafür Geld
Zu bremsen unaufhaltsamen Wandel
Und Rettung unserer schönen Welt
Alle müssen sich beteiligen
Solidarisch muss es sein
Auch Bauern sehen es ein
Gerechtigkeit soll walten
So dachten schon die Alten

Was er denken mag
Am Computer der neue Bauer
Bleibt sein Hof erhalten
Der an Geldnot krankt

Balalaikas süßer Klang

Wider den Zaren
Ein Schmähgedicht
Mit viel Pfeffer
Zornig vorgetragen

Schläge und Tritte
Gezerrt vor Gericht
Das den Stab immer bricht
Erbarmungslos Urteil spricht

Gen Osten die Fahrt
Im eisigen Waggon
Bei totaler Dunkelheit
Bis das Ziel erreicht

Bei Hitze und bei Frost
Jeden Tag Steine brechen
Oftmals brechen Knochen
Viele Kameraden sterben

Zwanzig Jahre Lagerhaft
Fünfzehn sind nun um
Überstehe Tag und Jahr
Der Rücken ist längst krumm

Ich fluche all den Zaren
Reichtum aus bittrer Not
Sie verfolgen Demokraten
Oder schlagen einfach tot

Ich möcht so gerne hören
Der Balalaika süßen Klang
Meine Lieben wieder sehen
Die Haft macht mich nicht bang

Vergeblich

Weissagung verhieß ganz Großes
Verstand im Bierglas versenkt
Gesundheit im Tabaksqualm erstickt
Ging dein Leben in die Hosen

Was hast du dabei gedacht
Hast Lehrer und Freunde verlacht
Ratschlag und Hilfe ausgeschlagen
Sinnlos vertan alle deine Tage

Fremd sein

Ich lebe hier am Ort
Wie alle meine Verwandten
Und die meisten Bekannten
Seite Generationen schon

So manche sind uns zugereist
Erst aus Schlesien und Pommern
Aus Kuba Syrien und Türkei
Gar aus Nigeria Menschen kommen

Flohen Verfolgern Hunger und Not
Hoffen auf sicheres Wohnen
Kleidung das tägliche Brot
Und Achtung ihrer Traditionen

Weit zu reisen begeistert mich
Kennenlernen Religion und Kultur
Menschen öffnen Tür und Tor
Im Herzen erglimmt neues Licht

Ich weiß nicht was wirklich fremd
Berührungsangst ist verflogen
Wer zu mir findet sei willkommen
Ein gutes Herz nur Liebe kennt

Bienen im Kopf

Tausend Bienen im Kopf
Und Hummeln im Arsch
Setze Klugscheißer auf den Topf
Und blase Heuchlern den Marsch

Bienen sind der Quell
Vielfältiger Ideen
Hummeln immer zur Stelle
Kraft zum Handeln zu geben
Vieles ist noch zu tun
Verse und Geschichten schreiben
Lernend durch die Lande reisen
Allen die schöne Verse lieben
Freude mit der Poesie bereiten

Junge Leute nach Sinn auf Suche
Ihnen allen wünsche ich darum
Bienen im Kopf
Und Hummeln im Arsch

Tränen im Auge

Von meinen Freunden umringt
Sie lauschen meinen Versen
Solchen die Freude bringen
Und andere rühren zu Tränen

Viele Dinge die geschehen
Die brutal und grausam sind
Taub und blind wer ignoriert
Ich will sie nicht übersehen

Ich muss darüber schreiben
Klar und deutlich
Jeder soll verstehen
Nichts darf verborgen bleiben

Darum ihr lieben Freunde
Die ihr denkt wie ich
Lasst eure Tränen rollen
Und verbergt sie nicht

Es wird Zeit für eitle Freude
Für Lachen und Freudentränen
Dann lasst uns nicht versäumen
Diese Tage fröhlich zu begehen

Ewige Wunden

Man sagt
Die Zeit heile alle Wunden
Vergessen würden alle Schmerzen
Und Tränen trockne der Wind So sagt man

Bei Bagatellen mag das sein
Da stellt sich bald Heilung ein
Ein Kind das seine Knie verletzt
Köchin sich in den Finger schneidet
Der Schmied sich auf den Daumen haut
Ein Stein auf Maurers Füße fällt
Beispiele gibt es viele

Die Welt ist voller Übeltaten
Krieg Verfolgung Kerkerhaft
Nicht minder Diktatur und Repression
Wenn ehr- und seelenlose Krieger
Morden brennen und massakrieren
Wenn Opfer ernten Hohn und Spott
Verharmlost Folter und Massenmord
Und Massenmörder werden zu Helden
Wunden und Schmerz doppelt zählen
Sie wollen niemals heilen

Ewige Wunden sie heilen nicht
Solcher Schmerz bleibt unermesslich
Was Betroffenheit und Dichtung spricht
Dokumente Zeugen Gräber Tränen
Dürfen Menschen nie vergessen
Müssen aufklären erinnern mahnen

Gut für die Welt

Die Welt braucht nicht mehr Soldaten
Und keine neuen Atomraketen
Nicht immer wieder neue Kriege
Die Welt braucht nur eines - Frieden

Schau hin woher Kriege kommen
Wir Menschen die den Frieden wollen
Haben Augen um zu sehen
Ohren um zu hören
Können Schmerzen spüren
Ebenso wie Zärtlichkeit
Wissen was die Welt bewegt
Wir wurden gelehrt zu denken
Und zu glauben was wir wissen
Wir wissen aus Erfahrung
Wer bewusst am Kriegsrad dreht
Und am Kriegsgeschäft verdient
Wir denken mit Schmerzen und Trauer
An die Opfer jenes Wahns
Der beginnt mit Jubel und Tamtam
Und Rednern die predigen Hass
Und endet mit Tod Zerstörung und Not

Die Welt braucht nicht mehr Soldaten
Und keine neuen Atomraketen
Menschen die den Hass besiegen
Nur sie alleine schaffen Frieden

Gespaltenes Land

Einer zieht hü der andere hot
Was gestern noch gültig war
Muss bedingungslos heute fort
Biblisches Chaos ist nun da

Keiner will mit anderen reden
Der lauteste Schreier hat recht
An Geschichte mahnen ist verpönt
Humanistische Geister verhöhnt

Wahrheit wird schamlos verdreht
Die dicksten Lügen kommen an
Verleumderische Lüfte wehen
Gestank verpestet unser Land

Als Dichter muss ich mahnen
Was begann vor hundert Jahren
An all die Opfer und die Not
Zu wehren Verderben und dem Tod

Chaance verpasst

Die Büchse der Pandora
Noch ist sie verschlossen
Solange das Böse machtlos ist
Bald schon ist sie offen
Und alles Übel regnet
Über alle und jeden
Auch alle die sie wählten
Zu spät so will ich meinen
Wie oft in der Geschichte
Das Gute zu vereinen
Es sei denn dass Einsicht
Die Oberhand gewänne

Geist und Größe

Wessen Gedanken Flügel wachsen
Bedarf nicht eines Pferdes
Wie auch nicht eines Schwertes
Überwindet spielend Raum und Zeit

Gedanken verleihen Menschen Kraft
Fragen nicht nach Körpergröße
Und nicht nach Gut und Geld
Allein der Geist bestimmt die Macht

Frag mich warum die größten Geister
Wenig geachtet sind in dieser Welt
Und warum ganz große Meister
Hernach kein Schwein mehr kennt

Neues jeden Tag

Mich wecken erste Sonnenstrahlen
Und der Vögel Morgensang
Ich fühle taste finde dich
Immer beieinander Du und ich

Sterben

Wer will sagen
Spötter stürben nicht
Zimmerleute
und die Maurer
Zöllner
Verschiedene Gauner
Gutsbesitzer
Und freie Bauern
Ritter und Musketiere
Alle werden sterben
Ungefragt und ohne Wahl
Selbst Geldverleiher
Wie die Pharisäer
Gehen aus dem Leben
Doch lässt mir keine Ruhe
Warum Dummheit niemals stirbt

Guter Rat

Einer Spur soll ich folgen
Dem Pfad zu meinem Glück
Und bin angekommen
Will niemals mehr zurück

Was mich zur Suche treibt
Was gibt mir den Mut
Dass gesund ich bleibe
Bekommt meiner Seele gut

Schmerz mir vergällt den Tag
Mein Kopf schwer wie Blei
Eisiges Quellwasser übers Haupt
Dann geht die Qual vorbei

Laufen in der Sommerhitze
Bringt Wanderer ins Schwitzen
Unterm kühlen Blätterdach
Im Kiesbett fließt ein Bach

Ziehe aus Schuh und Strümpfe
Wie der Storch durch Sümpfe
In dem kalten Wasser waten
Bis es prickelt in den Adern

Unterm Fels die frische Quelle
Arm hinein bis zur Elle
Mit dem Reiz die Geister wecken
Und Kräfte für lange Strecken

Manche Krankheit überstanden
Wie Kneipp vor vielen Jahren
Weil seine Lehren ich befolge
Mein Doktor wird mich loben

Grillen

Wer mag es schon leiden
Das Zirpen in der Sommernacht
Die so heiß und schwül
Gerne hättest du es kühl
Regenschauer frisch und stark
Eine Stunde Ruhe schafft

Wie ist das mit *meinen* Grillen
Die dich furchtbar stören
Willst mein Jammern
Nicht mehr hören
Deine Liebe wie der Regen
Stärkt Willen und die Seele
Besänftigt alle meine Grillen

Lebensaussicht

Lieblich anzuschauen
Hochgeehrtes Publikum
Strahlend aus den Augen
Weisheit und Erfahrung

Schönheit schwindet nicht
Wandelt nur ihr Gesicht
Haut die immer gut gepflegt
Mit Sorgfalt in Plissee gelegt

Edle Haarpracht silbergrau
Barbiere nehmen es genau
Weil wir über alles schwatzen
Tragen manche stolz die Glatze

Wenige Jahre Zukunft nur
Dafür viel Vergangenheit
Das ist unser Leben pur
Man hat nur *eine* Lebenszeit

Ängstlich nach dem Grabe schielen
Freu mich über jeden neuen Tag
Fleißig für das Leben schreiben
Um mir selber treu zu bleiben

Wenn ich müde werde irgendwann
Von Was Wo Warum nichts mehr weiß
Geb ich ab den Staffelstab
Und bin sicher dass ihr besser seid

Tauben der Stadt

Rush hour am frühen Morgen
Lifte Bahnen Straßen überfüllt
Strömen Leute wie die Bienen
Zur Arbeit Geld verdienen

Zu meinen Füßen vor der Bank
Unter Tauben Streit und Zank
Picken Körner Brötchen Wurst
Und hoffen auf den Regen
Auch Tauben haben Durst
Für Tauben ist der Unrat Segen
Den Menschen werfen achtlos weg
Drum liegt auf Wegen und Stegen
Von Menschen und den Tauben Dreck
Fragt nach Schuld keinen Dichter
Nicht nach Wie und Was und Wenn
Der weiß es nicht
Auch er ist Mensch

Rush hour auch am Abend
Wenn der Tag zu Ende geht
Wenn Menschen im Gedränge
Schimpfen schubsen quengeln
Manche wollen noch bowlen
Andere streben in die Bar
Müde abgspannt und gestresst
Die meisten fallen in ihr Nest

Stadttauben und Menschentrauben
Wem nützt es wo ist der Sinn
Und willst du es nicht glauben
Geh in die Stadt und schau hin

Nur ein Traum

Jeden Morgen
Zärtlichkeiten
Jeden Morgen
Süße Küsse
Jeden Morgen
Sonnenschein
Jeden Morgen
Dein strahlendes Gesicht
Gemeinsam
Alles wollen alles tun
Und wenn der Tag zu Ende
Gemeinsam ruhen
Oder ist das nur ein Traum

Zum realen Leben kehr zurück
Da nur gibt es wahres Glück

Lebensweg

Keine Stunde ohne Mahnung
Nicht eine Minute oder Augenblick
Du bist faul hast keine Ahnung
Bist in Allem ungeschickt

Vorteilhaft ist solche Lage
Lehrreich ganz ohne Frage
Die Erfahrung ist Gewinn
Schweiß und Mühe haben Sinn

Vorbei ist nun die schlimme Zeit
Bist gereift und erwachsen
Warst niemals aus auf Rache
Aber zahlst nun alles heim

Freundlichkeit deine Devise
Hilfst immer wo man helfen muss
Vom Humor eine kleine Prise
Macht Freundlichkeit zum Hochgenuss

Niemand fragt mehr wie das kommt
Dass dir jedes Werk gelingt
Und bei allem was begonnen
Was und wie durch dich bestimmt

Du könntest dich zufrieden geben
Einfach zurück dich lehnen
Das wäre alles nichts für dich
Glück währt nie unendlich

Treu begleitet

Mein Schatten bleibt mir treu
Ich kann ihn nicht verlieren
Beim Laufen oder Spazieren
Ist immer da wo ich auch sei

Durch Wüsten Berge reiche Felder
Über Gipfel Firn und Eis
Streifte Nachts durch dichte Wälder
Bewunderte Geysire kochend heiß
Blickte Eisbären direkt ins Auge
Dürstend durch Wüsten wandern
Von Fata Morgana wie verzaubert
Schaute gebannt giftige Schlangen
Stieg ehrfürchtig in die Fürstengruft
Atmete des Sonnentaues süßlichen Duft
Entging in Texas einer Schießerei
Stapfte im Nebel durch düstere Moore
Packte Stiere bei Hörnern und Ohren
Stahl in der Savanne ein Straußenei
Vor keiner Gefahr war mir je bang
War ohne Furcht ein Leben lang

An meiner Reise Ende angelangt
Nimmt mein Freund mich bei der Hand
Führt mich in das ewige Reich
Dort sind alle alle Wesen gleich

Kaleidoskop der Sinne

Kinder lieben das Kaleidoskop
Und Erwachsene ebenso
Leichte Drehung welch ein Wunder
Kristalle purzeln rauf und runter
Erzeugen bunte Bilder immer neue
Im meinem Herzen pure Freude

Im Rhönrad touren durch die Lande
Wie ein Feuerball zur Sonnenwende
Berge Täler Häuser munter drehen
Sterne Leute Tiere im Wechsel sehen
Und unwillkürlich schleudernd mich
Vom Daunenbett
zum
Nagelbrett
Obgleich ich doch kein Fakir bin
Frage ob ich Herr bin meiner Sinne
Sehen hören riechen schmecken fühlen
Denken sprechen lieben mich erinnern
Kobolde mein Inneres durchwühlen
Schubsen mich im Kreis herum
Ich fühle mich wie im Delirium
Deines Haares Duft mich erlöst
Ein Albtraum wars - nicht gedöst

Die ganze Welt ein Kaleidoskop
Alles dreht sich im Kreis herum
Mal Paradies und mal Katastrophe
Und ist das Leben dir zu dumm
Dreh es weiter nicht zurück
Mit Optimismus hast du Glück

Pilzzeit I

Sommer neigt sich zum Ende
Von Herbstes Ankunft kündet Nebel
Reiche Ernte in Gärten und auf Feldern
Erste Pilze aus dem Boden recken

Nach drückender Sommerhitze
Wo jeder Schritt verdächtig knistert
Allerorten klebrige Spinnennetze
Wallende Nebel und heftige Regenschauer
Dampfendes Moos Feuchte Morgentau
Wie Watte Wolken hängen in Wipfeln
Der Wald ist voller Pilzgeruch
Altes Holz von Hallimasch gefesselt
Täublinge aller Farben in Menge
Seltener jetzt Rucksack und Wanderstock
Häufiger Taschenesser und Sammelkorb
Blicke konsequent zum Boden richten
Landschaft Blüten Bäume sind passé
Augen wollen die besten Pilze sehen
Unerfahrene Sammler müssen leiden
Für jede Mühe ein gerechter Lohn
Nach Hause gehts mit vollem Korb
Breiten Beute auf Tüchern aus
Schießen Fotos zur Dokumentation
Ganze Familie Onkel und Tanten
Und Gäste nehmen Platz an der Tafel
Mit viel Pilzlatein und Geschwafel
Genüsslich nehmen sie das Mahl

Pilzzeit unvermeidlicher Wechsel
Unter der schönen Sommersonne
Bald kommt die Ernte Runkelrüben
Mit Matsch und schaurigem Wetter

Herbstnebel

Undurchdringlicher Nebel hier im Tal
Meteorologen meinen es sei normal
Mein Auto bleibt heute stehen
Ich gönne ihm diese Ruhepause
Ich werde nicht nach draußen gehen
Hab es schon mächtig mit der Plauze
Licht brennt jetzt in jedem Raum
Ich denk schon an den Weihnachtsbaum
Mein Garten strahlt in Zufriedenheit
Für ihn kehrt endlich Ruhe ein

Musikalische Natur

Natur kennt keine Tonleiter
Auch nicht Dur und Moll
Klingt mal traurig mal heiter
Für Kenner einfach toll

Im Hof die Hühner gackern
Der Hahn kräht gar nicht schrill
Die Bäuerin im Hochgefühl
Weil sie Kuchen backen will
Kühe Schweine jubilieren
Pferde freudig wiehern
Wenn wer früh den Stall betritt
Auf dem Dache Tauben gurren
Fröhlich miteinander turteln
Menschen die hier wohnen
Wollen niemals missen
Des Lebens Chor der Stimmen
Wilde Herbststürme heulen
An Häusergiebeln und Bäumen
Rauschen in hoher Bäume Wipfel
Pappeln und Erlen wispern
Fahrendes Volk dies gedichtet
Führt wandernde Gesellen heim
Im Mondschein eine Füchsin bellt
Und Manchmal schreckt ein Reh
Im Herbst die Hirsche brüllen
Im Garten Igel schnüffeln
Vogelsang in Träumen und Liedern
Endloses Tschilpen der Spatzen
Nachtigallen liebliches Schlagen

Amseln singen früh und abends
Es zwitschern Meisen und Schwalben
Melodisch flötet der Pirol

Natur will uns vieles sagen
Will fröhlich singen oder klagen
Genieße und höre einfach zu
Es ist das leben - ist Natur

Vakanz

Ungewohnt - Du bist nicht da
Ungewollt - Du bist nicht da
Musik hören Filme sehen
Es lenkt nicht ab
Denn du bist nicht da
Bedürfnis mit dir zu reden
Ein Floskel nur - unbedeutend
Wie wie das öfter tun
Keine Antwort - nein
Denn ich bin allein

Special Striptease

Sich Entblößen ganz groß in Mode
In Bild und Text sich darzustellen
Nichts behalten nichts verschweigen
Bedürfnis mitzuteilen ungebrochen

Jedes Ereignis extrem wichtig
Schlafen wachen essen trinken
Mit oder ohne Hund und Katz
Ob küssen lieben oder pissen
Die ganze Welt soll es wissen
Im Internet da ist dein Reich
Immer poste was du auch weißt
Anderer Leid macht nicht heiß
Jede Neuigkeit kommt dir recht
Ob sie gut ist oder schlecht
Wahrheit ist dir scheiß egal
Verleumden beleidigen allzumal
Ob Elefant oder kleine Mücke
Fürchtest daran zu ersticken

Internet von großem Nutzen
Für Leute die Vernunft besitzen
Und beschränken den Bit-Verkehr
Halten Maß denn weniger ist mehr

Gordischer Knoten

Was soll ich tun
Wen rufe ich um Hilfe an
Diverse Sorgen treiben mich um
Häufen sich schon seit Tagen

Pendeln zwischen Ermüdung und Stress
Erlösung scheint sehr fern
Doch halt
Gedenke dessen was du gelernt
In dir selbst findet sich die Kraft

Ich lasse mich nieder und sinne
Bohre grabe in meinem Innern
Gleite tief hinab ins Nichts
Hin zur absoluten Stille

Sind es Minuten oder Stunden
Erwache - in den Augen ein Lächeln
Der gordische Knoten getrennt
Die Lösung gefunden

Kurios und absurd

Einer Jungfrau zu begegnen
In die Heide geht ein Knabe
Als er die Heidi genug besehen
Keine Jungfrau weit und breit *schade*

Verwirrung

Mit High Healths an den Füßen
Ein Ochse pilgert gen Süden
In Afrikas Savanne angekommen
Eine Löwin als Frau genommen

Ein Schotte einen Schwaben traf
Wollte Sparsamkeit erlernen
Streit ließ nicht lange warten
Denn beide waren Verschwender

Ich frage warum ich träume
Meist am helllichten Tag
So werde ich nicht versäumen
Was Nachtschlaf mir nicht gab

Zu Figaros Hochzeit eingeladen
Ein Minister fuhr im Luxuswagen
Bei jeder Kirche macht er Halt
Und bei jedem Standesamt

Vier Affen

Affengruppe aus Bronze
Nicht sehr groß
Eine Handbreite bloß
Ich lang schon haben wollte
Nichts hören
Nichts sehen
Klappe halten
Doch ich bin verdutzt
Zähle von links - finde vier
Zähle von rechts - wieder vier
Schau genauer hin und stutze
Vierter Affe der verdeckt
Beidhändig sein Geschlecht
Komplett jetzt das Spießertum
Auch Sex ist verboten nun

Qual der Moral

An Erfolgen reich
Auch nicht der Bewunderung
Im Leben selten nur gefehlt
Und vom Laster nicht betroffen

Andere Leute genießen
Was sie zum Schein beflügelt
Jeder nach seinen Maßen
Nehmen dabei selten Schaden

Ich throne oft auf hohem Rosse
Sonne mich im Glanz der Moral
Diese Neigung lässt befürchten
Das die Freude wird zur Qual

Künstlerchaos

Eine Idee eben aufgeschrieben
Wo nur ist sie geblieben
Nehme alle Zettel in die Hände
Hunderte auf Tisch Boden Wänden
Auf zwischen unter Bücherstapeln
Staubbedeckt und aufgeschlagen
Lese alle von vorn und hinten
Kann die Notiz nicht finden
Nachdenken bringt oft Glück
Und mir meine Idee zurück
Ich werde bei dem Chaos bleiben
Und einen zweiten Zettel schreiben

De Gosch gefoppt

Ein Lendensteak dass sich verschämt
Hinter einem Pommes Frites versteckt
Dies soll die ganze Mahlzeit sein
Mein neuer Freund lud mich dazu ein

Was solls bedeuten was denkt er sich
Sind es meine Hüften bin ich zu dick
Ich find mich toll und angenehm
Mein Spiegel sagt ich sei sehr schön

Der zweite Gang sieht besser aus
Ein wunderbarer festlicher Schmaus
Zum Ausgleich für den ersten Schock
Der einfach nur De Gosch gefoppt

Niemand und Keiner

Niemand und Keiner
Wer sind die beiden
Wer mag sie kennen
Sind nicht Hinz noch Kunz
Nicht Müller Lehmann Schulze
Wenn eine Untat geschah
Niemand der es tat
Und
Keiner der es sah

Reifende Frauen

Reifende Frauen
Zu Hause in grünenden Auen
Und reizenden Flecken
Inmitten endloser Äcker
Ihre ländliche Schönheit
Berühmt in Dörfern weit und breit
Im Antlitz dezente Schminke
Tragen teuren Schmuck und Ringe
Immer modisch die Frisur
Äußerst sensibles Thema Figur
Denn unerbittlich reift die Zeit
Für die Entscheidung Kuh oder Geiß

Ich suche mich

Kurioses Erlebnis letzte Nacht
Total verwirrt Schweiß gebadet
Darüber reden oder schweigen
Ich denke nach und muss leiden

Eben erwacht ich suche mich
Und kann mich nicht finden
Keinen Hinweis keine Spur
Nicht betrunken nicht bekifft
Frage immer wieder wo blieb ich nur
Lasse meine Blicke schweifen
Echolos verhallen Rufe bin verzweifelt
Kann nicht ertasten und nicht greifen
Bin mir sicher dass ich denke
Kann das sein wenn ich nicht bin
Und wie Philosophen lehren
Immer und überall zu wissen
Dass *vieles* ich nicht weiß [1]
Sonderbar doch nicht absurd
Mein Geist ist da und ich bin fort

Bisweilen kommt mir der Verdacht
Meine Psyche treibt Schabernack
Ich lasse mich nicht verdrießen
Werde mein *Anderssein* genießen

[1] *Sokrates*

Pilzzeit II

Irren durch den Wald
Bis alles vor Augen flimmert
Halluzination
oder
Fata Morgana
Da steht einem Melkschemel gleich
Ein großer Pilz am Teich
Gleich werd ich ihn ernten

Schmoren in Butter ohne Gnade
Pfifferling Hallimasch Maronen
Auch so manche kleine Made
Der große Pilz fein paniert
Der nun mein Festmahl ziert
Zur Krönung noch ein Bier
Erneut flimmern vor Augen
Schwindelgefühl und Taumeln
Nach dem üppigen Gericht

Parasolpilz glaube ich
Der Pilz mit leichtem Gift
Und schmeckt der auch ganz toll
Auf das Bier man verzichten soll

Fortschrittsglaube

Über Fortschritt viel Gerede
Land auf und Land ab
Kolportiert der Politiker
Dass Fortschritt unabwendbar sei
Dagegen weiß jedes Kind
Wie wertlos Redensarten sind
Fortschrittswahn der Wahrheit bar
Als Fortschritt alles gilt
Kürzung oder Mehrverbrauch
Stilllegung oder Investition
Rausschmiss oder Aufstockung
Transparenz oder dicke Mauern
Politisch auch Reform genannt
All dies ist wie man weiß
Aus Ärschen in die Köpfe steigt
So ist das mit dem Fortschrittswahn
Richtet meistens Unheil an
Wahren Fortschritt zu erleben
Brauchs Ideen eines Jeden

Zu Hause in Absurdistan

Ich spinne Goldene Fäden
Aus reinem Wasser
Und schmiede aus der Luft
Schild und Schwert
Wenn Zeit ich brauche
Ich ziehe sie im Gemüsebeet

Intakt ist meine Gedankenwelt
Und überaus gesund
Auch wenn es manchen nicht gefällt
Tue ich gern Unsinn kund
Unsinn kann die Seele wecken
Provoziert und organisiert Gedanken
Wodurch endlich der Beweis erbracht
Unsinn dieses alberne Luder
Ist der Weisheit Bruder

Mein ganzes Leben ist Magie
Aus reicher Quelle der Phantasie
Ich mag nicht ernste Miene machen
Lieber herzlich befreiend lachen
Und schaut ihr mich zweifelnd an
Meine Heimat ist Absurdistan

August Rülps

An der roten Ampel popeln
Laut rülpsen nach dem Essen
Beim Würfelspiele mogeln
Anstand Höflichkeit vergessen

August Rülps ist der Name
Den mir meine Nachbarn gaben
In meinem Dorf ist das Brauch
Wo alle Namen Schall und Rauch
Für kleine und große Sünden
Sind Spitznamen bald erfunden
Selbst für unbedeutende Rede
Wird es neue Titel geben
Untugend ist meine Zier
Habe üblen Manieren ohne Maß
Schneller lügen als ein Hase
Der eben einem Jagdhund flieht
Anderer Denken ist mir schnurz
Auf dem Markt La Paloma furzen

Habe Besserung oft gelobt
Aber trotzdem nie erprobt
Und halte auch niemals fest
Was rückwärtig mich verlässt

Lügner Maxe

Maxe ein Mann voller Geschichten
Sprudeln so aus ihm heraus
Muss sie nicht erdichten
Sie gehen ihm niemals aus

Zieht größte Fische aus dem Bach
Was ihm keiner glaubt
Doch man ist bas erstaunt
Nein das macht ihm niemand nach

Schoss einen Hirsc *sechzehn Enden*
Der Prachtkerl groß wie sonst keiner
Dazu einen riesigen Keiler
Mit einem gezieltem Schisse endet

Ein Sohn ward kürzlich ihm geboren
Acht Kilo schwer der Knabe
Sprechen kann der am ersten Tage
Hat zwei tellergroße Ohren

Beim Wettkampf in unserm Ort
Maxe trat als Favorit hier an
Brach er den allergrößten Rekord
Weil schneller als ein Hase läuft
Nur Maxe lügen kann

Segelboot

Von dickem SUV gezogen
Am See kommt an
Ein stolzes neues Segelboot
Erstaunt schaut jedermann

Besatzung und Boot erfreut
Auf den ersten Segelturn
Den langen Mast aufzurichten
Bedachtsam Boot ins Wasser slippen
Eingerollt die weißen Segel
Zur Jungfernfahrt ist man bereit
Alles übrige scheinbar Kleinigkeit

In den Seilen steifer Seewind heult
Ein halbes Jahr liegt das Boot verteut
Es wollt doch segeln um die Wette
Untätig im Hafen liegt das Boot
Zerknirscht
Wie ein Hofhund an der Kette

Kleiner Junge steht nah am Kai
Aufgeregt im Gesicht ganz rot
Ruft den Papa laut herbei
Sieh - ein Kuckuck klebt am Boot

Meineidschenke

Am Zapfhahn der zwielichtige Franz
In der Kneipe *Zur letzten Instanz*
Wer hier einkehrt scheut das Licht
Gleich um die Ecke das Amtsgericht

Eierdiebe und Millionenschieber
Beim Bier einträchtig bei einander
Allesamt vom gleichen Schlag
Man trifft sich nachts und am Tag

Leute die zum Termin geladen
Werden hier fachkundig beraten
Neulinge gezeichnet im Gesicht
Was darfst du sagen und was nicht

Wenn der Termin dann ist vorbei
Das Urteil richterlich gesprochen
Diebe und Gauner freigekommen
Ist es Recht oder Unrecht einerlei

Absurde Gedankenwelt

Je mehr ich weiß
Desto mehr die Fragen
Verwirrspiel zwischen simple
Und maximal komplex

Mach es dir nicht zu schwer
Verständlich sollen Verse sein
Klar und leicht zu merken
So wird man sie lieben

Inhaltsverzeichnis